中国工会十八大报告学习问答

徐留平　主　编
魏地春　副主编

中国工人出版社

图书在版编目（CIP）数据

中国工会十八大报告学习问答 / 徐留平主编 . —
北京：中国工人出版社，2023.10
ISBN 978-7-5008-8265-7

Ⅰ . ①中…　Ⅱ . ①徐…　Ⅲ . ①中国工会代表大会－文件－学习参考资料
Ⅳ . ① D412.3

中国国家版本馆 CIP 数据核字（2023）第 174172 号

中国工会十八大报告学习问答

出 版 人　董　宽
责任编辑　魏　可　时秀晶
责任校对　张　彦
责任印制　栾征宇
出版发行　中国工人出版社
地　　址　北京市东城区鼓楼外大街45号　邮编：100120
网　　址　http://www.wp-china.com
电　　话　（010）62005043（总编室）
（010）62005039（印制管理中心）
（010）62382916（工会与劳动关系分社）
发行热线　（010）82029051　62383056
经　　销　各地书店
印　　刷　北京市密东印刷有限公司
开　　本　660毫米×960毫米　1/16
印　　张　11.25
字　　数　124千字
版　　次　2023年10月第1版　2023年10月第1次印刷
定　　价　33.00元

目　录

学习问答

以习近平新时代中国特色社会主义思想为指导　组织动员亿万职工为强国建设民族复兴团结奋斗

——在中国工会第十八次全国代表大会上的报告

（2023 年 10 月 9 日）

王 东 明

各位代表，同志们：

现在，我代表中华全国总工会第十七届执行委员会向大会作报告，请予审议。

中国工会第十八次全国代表大会，是在我国迈上全面建设社会主义现代化国家新征程、向第二个百年奋斗目标进军的关键时刻召开的一次十分重要的大会。大会的主题是：坚持以习近平新时代中国特色社会主义思想为指导，全面贯彻党的二十大精神，深入贯彻习近平总书记关于工人阶级和工会工作的重要论述，全面落实全心全意依靠工人阶级根本方针，忠诚履职、勇于担当，组织动员亿万职工为全面建设社会主义现代化国家、全面推进中华民族伟大复兴团结奋斗。

一、新时代我国工运事业的发展和过去五年的工作

党的十八大以来，以习近平同志为核心的党中央始终

关心关爱工人阶级，高度重视并有力领导推进党的工运事业和工会工作。习近平总书记每逢“五一”国际劳动节都以不同方式向职工群众致以节日祝贺，每到一地考察都深入基层看望劳动模范、慰问职工群众，亲临全总机关与劳模代表座谈，多次给劳模和一线职工等回信，向首届大国工匠创新交流大会致贺信，领导召开党的历史上第一次中央党的群团工作会议，亲自谋划指导产业工人队伍建设改革和工会改革，为党的工运事业和工会工作领航掌舵、把关定向。亿万职工群众牢记习近平总书记和党中央的殷殷嘱托，坚定不移听党话、跟党走，诚实劳动、勤勉工作，锐意创新、敢为人先，汇聚起奋进新时代的磅礴力量，在打赢脱贫攻坚战、全面建成小康社会、统筹推进疫情防控和经济社会发展、有效应对风险挑战中发挥了重要作用。在这一伟大历史进程中，我国职工队伍不断壮大，素质持续提高，精神面貌焕然一新，创新创造成绩斐然，展示出我国工人阶级团结奋斗的时代风采。

中国工会十七大以来，我们坚持以习近平新时代中国特色社会主义思想为指导，深入贯彻习近平总书记关于工人阶级和工会工作的重要论述，围绕中心、服务大局，积极进取、勇担责任，聚焦主责主业、坚持改革创新，保持和增强政治性、先进性、群众性，推动各项工作取得新进展新成效，奋力谱写了党的工运事业和工会工作新篇章。

——全面学习贯彻习近平新时代中国特色社会主义思想，坚定拥护“两个确立”、坚决做到“两个维护”。坚持把学习贯彻习近平新时代中国特色社会主义思想作为首要政治任务，完善理论学习制度，扎实开展“不忘初心、牢记使命”主题教育、党史学习教育、学习贯彻习近平新时代中国特色社会主义思想主题教育，坚持不懈用党的创新理论统一思想、统一意志、统一行动。深入贯彻习近平总书记关于工人阶级和工会工作的重要论述，推动公开出版《习近平关于工人阶级和工会工作论述摘编》，定期召开学习贯彻重要论述理论研讨会，形成学习贯彻党的工运创新理论的制度性安排，深刻领悟“两个确立”的决定性意义，增强“四个意识”、坚定“四个自信”、做到“两个维护”。

——大力加强思想政治引领，团结引导职工群众听党话、跟党走。认真履行政治责任，推动习近平新时代中国特色社会主义思想进企业、进车间、进班组，走近职工身边、走进职工心里。推动理想信念教育进一步常态化制度化，开展党史、新中国史、改革开放史、社会主义发展史宣传教育，加强红色工运资源的挖掘保护和管理运用，命名一批全国职工爱国主义教育基地。广泛开展“中国梦·劳动美”主题宣传教育，每年发布全国“最美职工”，推动全社会大力弘扬劳模精神、劳动精神、工匠精神。打造“工”字系列职工文化特色品牌，新建职工书屋5万余家，强化工会网上舆论引导，团结职工群众唱响主旋律。

——团结动员广大职工积极建功新时代，充分发挥工人阶级主力军作用。围绕国家重大战略、重大工程、重大项目、重点产业，开展“当好主人翁、建功新时代”、“建功‘十四五’、奋进新征程”等主题劳动和技能竞赛，扎实推进企业开展劳动竞赛、“五小”等群众性创新创造活动，参与竞赛活动的企事业单位和职工数量年均分别达到58万余家、5806万人次。开展劳动模范和先进工作者选树工作，共表彰全国劳动模范和先进工作者2493名、全国五一劳动奖4952个、全国五一巾帼奖2200个。举办大国工匠创新交流大会、大国工匠论坛，选树宣传“大国工匠年度人物”，建设工匠学院360家、劳模工匠创新工作室8万多家。统筹开展工会系统援藏援疆工作。抓好工会定点扶贫和帮扶工作，在打赢脱贫攻坚战、全面推进乡村振兴中发挥积极作用。

——深化产业工人队伍建设改革，努力建设高素质劳动大军。坚决贯彻习近平总书记重要指示批示精神，认真履行牵头抓总职责，研究制定深化产业工人队伍建设改革的意见，建立健全推进改革工作机制，推动将产业工人队伍建设改革纳入专项督查。构建产业工人技能形成体系，搭建建功立业平台，完善职业发展制度。开展产业工人队伍建设改革试点、十大产业百家企业深化产业工人队伍建设改革专项行动，实施产业工人队伍建设改革提升年、深化年行动，发挥国有企业示范带动作用，推动非公企业落实改革举措，持续推动产业工人队伍建设改革走深走实。

——切实履行维权服务基本职责，促进提高职工生活品质。加大城市困难职工帮扶解困力度，工会系统建档立卡的549.9万户城市困难职工家庭如期实现解困脱困。构建常态化梯度帮扶长效机制，工会两节送温暖活动筹集资金218.7亿元，慰问职工4250.6万人次。加大对职工劳动就业、收入分配、社会保障、劳动安全卫生等权益的维护力度，指导企业依法开展工资集体协商，推动完善职工社会保障制度，加强女职工权益维护和关爱服务。突出抓好重点群体维权服务，推动健全落实新就业形态劳动者权益维护制度和政策，推动解决拖欠农民工工资问题，做好核工业等特殊困难群体帮扶工作。持续开展“尊法守法·携手筑梦”服务农民工公益法律服务行动，服务农民工2900多万人次。加强服务职工基础设施建设，提升职工服务中心（困难职工帮扶中心）综合服务职工功能，推进工人文化宫、工人疗休养院规范化建设，建成13.1万个工会户外劳动者服务站点，加强职工互助保障组织建设，开展职工公益活动。应对突如其来的新冠疫情，推出支持受疫情影响严重的行业和小微企业发展等20条举措，筹集资金77.5亿元，帮扶慰问职工2289.5万人次。

——积极构建和谐劳动关系，切实防范化解劳动领域风险隐患。贯彻总体国家安全观，坚持维权维稳相统一，建立健全落实“五个坚决”要求长效机制，一手抓防范化解，一手抓引领构建，坚决维护职工队伍和社会大局和谐稳定。发挥部委协同工作机制和工会联动工作机制作用，强化劳动关系风险监测、分析、预防和处置，切实把矛盾纠纷解决在基层、化解在萌芽状态。加强企事业单位民主管理制度建设，规范集团职代会制度，推进省级厂务公开协调领导机构建设。开展集体协商稳就业促发展构和谐三年行动，推动完善协调劳动关系三方机制。推动建立完善劳动争议多元化解协作联动机制，联合人社、法院、司法等部门构建“调裁诉援”有效衔接工作体系，推进劳动领域多元解纷“一站式”平台建设。

——扎实推进改革创新，有效激发工会组织的生机活力。积极参与工会法等法律法规修改工作，加强工会工作法治化建设。推行“重点建、行业建、兜底建”模式，开展新就业形态劳动者入会集中行动、百人以上企业建会专项行动和社会组织建会专项行动，实现全国互联网百强企业全部建会，新增新就业形态劳动者会员1227万余人。扎实开展“转作风、解难题、促发展、保稳定”专项行动，推进“县级工会加强年”专项工作，加强财务管理、资产监督管理、经费审查审计监督等，工会工作的整体效能不断提升。

——全面加强党的建设，努力建设模范机关。贯彻新时代党的建设总要求，每年召开全国工会党风廉政建设、推进全面从严治党工作会议，自觉接受各级纪委监委驻工会机关纪检监察组监督，不断把全面从严治党引向深入。严格执行中央八项规定及其实施细则精神，制定实施加强党的政治建设的具体措施，持之以恒正风肃纪反腐，风清气正的良好政治生态持续提升。坚持改进工作作风、密切同职工群众联系，常态化开展工会系统机关干部赴基层蹲点工作，全国共组成蹲点工作组1.5万个，派出蹲点干部4.5万余人。

五年来，我们认真做好工会港澳台工作，加强与各国工会组织、区域和国际工会组织的交流交往，圆满举办第十一届金砖国家工会论坛，成功连任国际劳工组织工人正理事，积极服务国家外交和总体战略。

所有这些成就的取得，根本在于有以习近平同志为核心的党中央的坚强领导，在于有习近平新时代中国特色社会主义思想的科学指引。这些成就是各级党委、政府和社会各界大力支持、鼎力相助的结果，是历届工会老领导和老同志勤奋工作、无私奉献的结果，是全国亿万职工群众和工会工作者辛勤耕耘、不懈奋斗的结果。在这里，我代表中华全国总工会第十七届执行委员会并以本次大会的名义，向以习近平同志为核心的党中央致以崇高的敬意！向中央和国家机关各部门，向各级党委、人大、政府、政协，向共青团、妇联等群团组织以及社会各界，向中国人民解放军指战员、武警部队官兵和公安干警，表示衷心的感谢！向全国职工群众、工会工作者和曾经战斗在工会工作战线上的老领导、老同志，致以崇高的敬意！

在充分肯定成绩的同时，我们也清醒地认识到，工会工作与党中央的要求、亿万职工群众的期盼相比，还存在不少差距和不足。主要表现在：职工思想政治引领的针对性实效性不够，影响力需要进一步增强；维权服务不能充分满足职工群众多样化需求，广度、深度、精准度有待提高；新就业形态领域工会组建率、新就业群体入会率不够高，在加强组织建设和作用发挥上需要持续用力；工会组织的改革创新有待深化，数字化转型需要加快步伐；一些工会干部主动担当作为、狠抓工作落实的劲头不足，专业素养、创新能力有待进一步提高，等等。对此，我们必须高度重视，以时不我待的责任感使命感攻坚克难、持续努力，切实加以解决。

二、坚持用习近平新时代中国特色社会主义思想统领工会工作

习近平新时代中国特色社会主义思想，是当代中国马克思主义、二十一世纪马克思主义，是中华文化和中国精神的时代精华，实现了马克思主义中国化时代化新的飞跃，是党和国家必须长期坚持的指导思想。党确立习近平总书记党中央的核心、全党的核心地位，确立习近平新时代中国特色社会主义思想的指导地位，是党在新时代取得的重大政治成果，反映了全党全军全国各族人民共同心愿。实践充分证明，“两个确立”是新时代党和国家事业取得历史性成就、发生历史性变革的决定性因素，是党和人民战胜一切艰难险阻、应对一切不确定性的最大确定性、最大底气、最大保证，必须倍加珍惜、坚定维护、长期坚持。

党的二十大郑重宣示“从现在起，中国共产党的中心任务就是团结带领全国各族人民全面建成社会主义现代化强国、实现第二个百年奋斗目标，以中国式现代化全面推进中华民族伟大复兴”，吹响了奋进新征程的时代号角。中国工人阶级作为中国共产党最坚实最可靠的阶级基础，始终凝聚在党的旗帜下，牢牢把握我国工人运动时代主题，为完成党在不同历史时期的中心任务作出了重要贡献；中国工会作为党领导下的职工群众组织，始终忠诚党的事业，组织动员和服务亿万职工群众，充分发挥了桥梁

纽带作用。党的中心任务就是中国工人运动和工会工作的主题和方向。新征程上，中国工人阶级和工会一定要在以习近平同志为核心的党中央坚强领导下，以党的旗帜为旗帜、以党的意志为意志、以党的使命为使命，坚定理想信念、坚守使命追求，自觉团结奋斗、积极改革创新，以更加豪迈的姿态、勇于担当的精神，为实现全面建成社会主义现代化强国、以中国式现代化全面推进中华民族伟大复兴的宏伟目标而奋勇前进。

党的十八大以来，习近平总书记从党和国家事业发展全局出发，就党的工运事业和工会工作发表一系列重要讲话、作出一系列重要指示，强调要坚持党对工运事业和工会工作的领导，永远保持自觉接受党的领导这一优良传统，坚定不移走中国特色社会主义工会发展道路；要坚持全心全意依靠工人阶级的根本方针，巩固工人阶级的领导阶级地位，充分发挥工人阶级的主力军作用；要牢牢把握为实现中华民族伟大复兴中国梦而奋斗的时代主题，紧紧围绕党和国家工作大局，组织带领广大职工群众为实现发展目标建功立业；要加强对职工群众的思想政治引领，引导职工群众听党话、跟党走，巩固党执政的阶级基础和群众基础；要深化产业工人队伍建设改革，努力建设高素质劳动大军；要大力弘扬劳模精神、劳动精神、工匠精神，依靠劳动创造扎实推进中国式现代化；要坚持以职工为中心的工作导向，切实实现好、维护好、发展好工人阶级和广大劳动群众合法权益；要围绕保持和增强政治性、先进性、群众性，深入推进工会改革创新，健全联系广泛、服务职工的工会工作体系。

习近平总书记关于工人阶级和工会工作的重要论述，系统阐明了新时代党的工运事业和工会工作的地位作用、工运主题、发展道路、目标任务、根本保证，深刻回答了新时代为什么要全心全意依靠工人阶级、怎样全心全意依靠工人阶级，建设什么样的工会、怎样建设工会等方向性、根本性、战略性重大问题，为新时代新征程党的工运事业和工会工作提供了根本遵循。这一重要论述，是习近平新时代中国特色社会主义思想的重要组成部分，是对马克思主义劳动学说和工运学说的继承和发展，是对中华优秀传统文化的传承和发扬，是对党领导工运事业丰富实践和宝贵经验提炼升华的重大成果，把我们党对工人运动和工会工作的规律性认识提升到一个新高度，为新时代工运事业和工会工作创新发展指明了前进方向、提供了行动指南，具有重大政治意义、深远历史意义、深刻理论意义、鲜明实践意义。

新征程上，我们要全面深入学习贯彻习近平新时代中国特色社会主义思想，深入贯彻习近平总书记关于工人阶级和工会工作的重要论述，深刻把握党的创新理论的丰富内涵、精神实质和实践要求，深刻领会这一重要思想的世界观方法论和贯穿其中的立场观点方法，更好地把党的创新理论转化为认识世界、改造世界的强大力量，更好把握新时代新征程工运事业和工会工作的特点与规律，增强做好工会工作的责任感使命感，提高履职尽责的能力和水平。要坚持用党的创新理论武装头脑、指导实践、推动工作，以实际行动把亿万职工群众紧紧团结在党的周围，不断夯实党长期执政的阶级基础和群众基础，切实维护职工群众合法权益，努力解决好急难愁盼问题，不断增强广大职工群众的获得感、幸福感、安全感，千方百计调动亿万职工群众的积极性、主动性、创造性，唱响“咱们工人有力量”的时代强音。

三、今后五年的主要工作

今后五年工作的总体要求是：坚持以习近平新时代中国特色社会主义思想为指导，全面贯彻党的二十大精神，深入贯彻习近平总书记关于工人阶级和工会工作的重要论述，紧紧围绕党和国家工作大局，忠诚党的事业、竭诚服务职工，改革创新、奋发进取，保持和增强政治性、先进性、群众性，持续提高引领力、组织力、服务力，充分发挥党联系职工群众的桥梁纽带作用，团结引导亿万职工群众坚定不移听党话、跟党走，为全面建设社会主义现代化国家、全面推进中华民族伟大复兴发挥主力军作用。

（一）坚持党的全面领导，引导职工群众更加紧密团结在党的周围。

坚持不懈用习近平新时代中国特色社会主义思想凝心铸魂。巩固拓展学习贯彻习近平新时代中国特色社会主义思想主题教育成果，全面实施“研读原著、专题研讨、调查研究、转化运用”党的创新理论学习行动，系统掌握习近平新时代中国特色社会主义思想的科学内涵、精神实质和实践要求，做到学思用贯通、知信行统一，自觉用习近平新时代中国特色社会主义思想坚定理想、锤炼党性、指导实践、推动工作，不断提高政治判断力、政治领悟力、政治执行力，深刻领悟“两个确立”的决定性意义，增强“四个意识”、坚定“四个自信”、做到“两个维护”，始终在思想上政治上行动上同以习近平同志为核心的党中央保持高度一致。深入学习贯彻习近平总书记关于工人阶级和工会工作的重要论述，深化理论研究、学理阐释，掌握其核心要义和精神实质，健全完善学习贯彻、创新落实的制度性安排。

强化职工思想政治引领。广泛开展理想信念、社会主义核心价值观、“四史”、“中国梦·劳动美”、“大国工匠”、“最美职工”、“万名劳模工匠宣讲党的创新理论”等系列教育和活动，不断增强职工群众的政治认同、思想认同、理论认同、情感认同，筑牢亿万职工团结奋斗的共同思想基础。加强职工文化阵地建设，开展丰富多彩、喜闻乐见的职工文体活动，打造健康文明、昂扬向上、全员参与的职工文化，不断满足广大职工精神文化需求。切实加强工会宣传工作，按照统筹协调、守正创新、特色鲜明、深度融合的理念，形成党组统一领导、宣传部门牵头抓总、各有关部门及各级工会协同协作、主流媒体和新媒体各展所长的工会宣传工作格局，做强做优工会舆论宣传。

（二）聚焦高质量发展这个首要任务，组织职工群众建功立业、创新创造。

深化产业工人队伍建设改革。履行工会牵头抓总职责，围绕实施制造强国战略，突出新型工业化、新兴产业、数字经济和技术创新，聚焦产业工人思想引领、建功立业、素质提升、地位提高、队伍壮大等重点工作，推动落实终身职业技能培训制度，强化资源协同、政策联动，抓住主要问题实现重点突破，多措并举推动整体提升，努力培养造就更多大国工匠、高技能人才，充分激发产业工人的创造精神和奋进力量，为建设现代化产业体系作贡献。

广泛深入持久开展劳动和技能竞赛。围绕国家重大战略、重大工程、重大项目、重点产业，以技术创新为导向，深入开展“建功‘十四五’、奋进新征程”主题劳动和技能竞赛，探索新产业新业态竞赛活动新形式，打造影响力大、引领力强的竞赛品牌。持续组织职工参加技术革新、技术协作、发明创造、合理化建议、网上练兵和“五小”等群众性创新创造活动，推动形成“建功新时代、比学赶帮超”的新风尚。

突出发挥劳模工匠示范引领作用。大力弘扬劳模精神、劳动精神、工匠精神，开展“劳模工匠进校园”、“劳模工匠助企行”等活动。构建线下线上结合的工匠学院建设体系，深化劳模和工匠人才创新工作室建设，强化职工创新成果展示交流和应用转化。建立完善关心关爱劳模工匠和技能人才的常态化机制，推动落实劳模工匠待遇，提升劳模工匠地位，让劳动光荣、技能宝贵、创造伟大在全社会蔚然成风。

引导企业充分发挥主体作用。推动企业建会强会、维护职工劳动经济权益、推进企业民主管理等，努力构建和谐劳动关系；通过劳动竞赛、技能培养、畅通职业发展通道、创建劳模和工匠人才创新工作室等，组织引导职工群众立足岗位、勤学苦练，深入钻研、敢为人先，持续点燃创新创造激情。

（三）用心用情做好维权服务工作，实现好、维护好、发展好职工群众根本利益。

着力维护职工群众劳动经济权益。把稳就业摆在更加突出的位置，深化工会就业创业服务，加强失业困难群体就业兜底帮扶。推动用人单位开展工资集体协商，完善职工工资决定、合理增长、支付保障机制，健全技术工人薪酬激励机制，促进企业内部分配进一步向一线职工、技术工人倾斜，助力实现共同富裕。加强新就业形态劳动者权益保障，完善协商协调机制，推动平台企业合法规范用工、科学调整算法、完善劳动定额标准，推进职业伤害保障试点工作。推动完善社会保险法规政策体系，促进多层次社会保障有序衔接，扩大覆盖面，提升保障水平。完善工会劳动保护监督机制，加强安全生产和职业健康工作，深化“安康杯”竞赛等群众性安全生产活动。

大力开展服务帮扶。加强工会服务工作的研究分析，在做好传统服务的基础上，适应时代要求和职工群众需求，全面运用数字化技术，推出更多更好更及时的服务职工群众项目。积极推进职工服务阵地建设，建好用好工人文化宫、职工书屋、工人疗休养院、服务中心等。以实施双 15 工程为牵引，加强和规范工会户外劳动者服务站点建设。巩固城市困难职工解困脱困成果，与提高职工生活品质有效衔接，推动改革发展成果更多惠及广大职工群众。推动农民工平等享受城镇基本公共服务，开展关爱农民工子女主题活动，推进职工健康服务。叫响做实工会送温暖、送清凉、金秋助学、职工医疗互助等工作品牌，加强职工公益基金组织建设。深入开展“暖边绿境”关爱职工专项行动。积极维护女职工合法权益，充分保障女职工特殊权益，促进男女平等和女职工全面发展。加强工会系统援藏援疆工作，做好工会定点帮扶助力乡村振兴工作。

加强企事业单位民主管理制度建设。把企事业单位民主管理作为发展全过程人民民主的重要形式，努力推动以职工代表大会为基本形式的企事业单位民主管理制度落地落实。推动国有企业加强民主管理，促进非公有制企业建立健全民主管理，保障职工群众主人翁地位，提高职工群众创造性和企业竞争力。

积极推动构建和谐劳动关系。充分发挥协调劳动关系三方机制作用，探索行业和谐劳动关系创建活动试点。推动政府与同级工会联席会议制度规范化常态化发展，健全工作机制，合理设置议题，增强实效性。抓好劳动关系发展态势监测，加强分析研判，及时采取相应对策措施。积极参与劳动争议多元化解，探索总结新时代劳动领域“枫桥经验”，推动劳动争议调解组织建设，推进“工会+法院+检察院+人社+司法”协作联动机制，健全劳动领域矛盾纠纷预防调处化解体系。联合开展新就业形态劳动者权益保障专项行动，推进新时代和谐劳动关系创建活动，培育选树 1000 个基层协调劳动关系公共服务样板站点。

（四）着眼统筹发展和安全，坚决维护劳动领域政治安全。

加强工会意识形态工作。落实意识形态工作责任制，加强阵地建设和管理，严把政治方向关、舆论导向关、价值取向关，牢牢掌握工会意识形态工作领导权。加强网络信息员队伍建设，开展“网聚职工正能量 争做中国好网民”主题活动，巩固壮大奋进新征程、建功新时代的主流思想舆论。

强化维护劳动领域政治安全体系和能力建设。加强组织领导，建立健全统一指挥、各方协同、纵横连通、实时高效的工作体系。建强用好部委协同机制，做实下沉地方联动机制。坚持日常和定期沟通协调机制，强化应急、处置管理。

有效防范化解劳动领域重大风险隐患。常态化开展职工队伍风险隐患专项排查化解工作。推进全国工会系统 12351 维权服务热线建设，努力提升维护劳动者合法权益和维护劳动领域政治安全能力。加强工会信访问题源头治理、风险预警和应对处置。深化工会社会组织工作，强化政治引领、示范带动、联系服务，及时有效解决职工群众切身利益问题。

（五）突出抓好基层基础工作，打通服务职工群众“最后一公里”。

实施大抓基层三年行动。针对基层缺经费、缺办公场所、缺工作人员等难题，统筹规划、多措并举，系统推进、分步落实，争取经过三年努力，基层直接服务职工群众的能力大幅提升。加强指导帮扶，推动不同区域、不同行业工会工作协调发展、平衡发展。

大力推进基层工会建设。全面推进互联网企业、平台企业建会扩面提质，督促其分支机构、加盟企业等建立基层工会组织。推进国有企业工会规范化建设，发挥国有企业工会示范带动作用，持续推进非公有制企业建会强会工作，加强工业园（区）、乡镇（街道）、村（社区）工会、区域性行业性工会联合会建设。

加强对基层的指导和帮扶。采取普遍轮训和专门培训相结合、线上线下相结合等方式，有计划分步骤对基层工会工作者进行培训，提高社会化工会工作者待遇。深入推进工会组织和工会会员实名制，精准服务基层。常态化开展各级工会机关干部赴基层蹲点工作，将蹲点与推动工会重点工作、难题调研、试点探索等结合起来，持续为基层工会注入动力活力。

（六）贯彻全面依法治国部署要求，大力推进工会工作法治化。

推动完善劳动法律法规体系。推动加大工会法实施力度，参与产业工人队伍建设立法工作，推动新就业形态劳动者等涉及职工维权服务和工会领域的法律法规制定。强化劳动领域法律法规执行，推动健全涉职工和工会工作的法律监督制度，建立健全与人大执法检查、行政执法等协作配合机制。壮大工会劳动法律监督员、劳动保护监督检查员、劳动争议调解员、兼职仲裁员等工会法律人才队伍。

加强工会法治宣传和法律服务。落实全国工会法治宣传教育五年规划，丰富法治宣传教育形式内容，推动企业管理者和职工群众增强法治观念，推动形成尊法学法守法用法风气。加快推进工会法律服务体系建设，叫响做实“尊法守法·携手筑梦”服务农民工公益法律服务行动。加强与司法行政部门沟通协作，发挥法律援助工作者作用，进一步加大职工法律援助工作力度。

（七）深化工会改革和建设，有效发挥党联系职工群众的桥梁纽带作用。

持续深化工会机关改革。进一步加强系统谋划、顶层设计，优化资源配置，深入查找在思想观念、体制机制、能力素质、作风建设等方面的问题，完善创新工作体系、工作内容和工作方式，充分发挥机关部门和干部的能动性、创造性，努力把各级工会组织都建设成为名副其实的职工之家，使所有工会干部都成为职工群众信赖的娘家人、贴心人。

健全完善工会组织体系。构建全总、产业工会、地方工会、基层工会之间高质高效的矩阵网络系统。加强领导、压实责任，确保必要资源，加快建立健全基层组织体系。广泛运用现代先进理念、先进工具和先进方式，大幅提高组织效能、个人能力。

健全完善资金资产管理体系。创新工会财务管理和监督检查机制，深化工会经费收缴管理改革，实施全面预算绩效管理，加强工会财务信息一体化建设。加强工会资产管理和监督检查，推进工会资产标准化规范化建设，确保工会资产安全完整、保值增值和有效利用。严格工会经费审查审计监督，推进工会常态化经审监督体系建设，推进审查审计全覆盖。完善对机关干部和直属单位的综合考核，强化上级工会在财务、资产、经审领域对下一级工会的监督检查。

全面加快工会系统数字化建设。创建直达亿万职工群众、集成工会全部服务内容的服务终端，让亿万职工群众享受“一键入会”、“一网全通”，以及高效、实时、精准的“一终端全维服务”。完善线上线下服务资源，加快创建线上工会、云上课堂、线上援助、数字展馆等一系列线上、云上产品和服务，强化线上线下融合，倍增服务能力和效果。

（八）加强工会和职工对外交流交往合作，讲好中国工人阶级故事。

健全与港澳台工会和劳动界交流合作机制。持续办好港澳工会“五一”代表团、港澳工会青年研讨营等品牌交流活动，推动发展壮大爱国爱港爱澳力量。强化粤港澳三地工会协调合作，开展爱国主义教育、国情国策宣讲，增强港澳职工爱国思想。深化两岸工会和职工交流交往，办好海峡职工论坛、台湾工会青年研讨营等活动，在更宽领域、更深层次拓展对台交流，团结台湾职工坚定反“独”促统。

积极开展工会双边多边国际交流。加强同各国工会组织、区域和国际工会组织的交流合作，厚植构建人类命运共同体理念，增进同各国工人阶级的友谊。参与全球劳工治理和工会南南合作，增强发展中国家工会在国际劳工事务中的代表性和发言权。做深做实做细“一带一路”职工人文交流、产业工人技能国际交流、共建国家工会干部汉语研修奖学金等工会品牌项目，推动海外中资企业维护职工合法权益。

（九）落实新时代全面从严治党要求，推动工会系统党的建设高质量发展。

落实全面从严治党政治责任。深入学习贯彻习近平总书记关于党的建设的重要思想，以党的政治建设为统领全面加强党的各项建设，深化政治机关建设和模范机关创建，大力开展对党忠诚教育。加强对“一把手”和领导班子的监督。扎实做好党组内部巡视工作，巩固深化中央巡视整改成果。

强化党组织政治功能和组织功能。加强工会系统党的组织体系建设，持续推进“四强”党支部建设，严格落实党内政治生活制度，用好批评和自我批评武器。加强对党员干部全方位管理和经常性监督，引导党员增强党员意识、发挥先锋模范作用。完善党建工作考核评价机制，全面促进党建工作提质增效。

加强工会干部队伍建设。巩固干部队伍教育整顿成果，落实新时代好干部标准，树立正确选人用人导向，健全完善兼、挂职工作机制，发挥工会院校培训主渠道作用，完善网络培训体系，提升工会干部能力素质，教育引导工会干部树牢正确政绩观，鼓足干事创业的精气神，打造忠诚干净担当的高素质专业化工会干部队伍。切实改进工作作风，深入基层、深入一线，密切联系职工群众，加强调查研究，掌握职工群众所思所想所盼，用心用情为基层和职工群众办实事、解难题。

坚持以严的基调强化正风肃纪反腐。严格贯彻执行中央八项规定及其实施细则精神，坚持纠“四风”、树新风，教育引导党员干部牢记“三个务必”，弘扬伟大建党精神。把纪律建设摆在更加突出位置，强化经常性纪律教育，开展常态化警示教育，强化制度建设和廉政文化建设。紧盯关键少数、重点领域和薄弱环节，加强廉洁风险排查和防控，坚持有腐必反、有案必查，一体推进不敢腐、不能腐、不想腐。

各位代表、同志们，新时代新征程召唤工人阶级谱写壮丽而崭新的篇章，赋予工会组织光荣而艰巨的使命。让我们更加紧密地团结在以习近平同志为核心的党中央周围，全面贯彻习近平新时代中国特色社会主义思想，踔厉奋发、埋头苦干，组织动员亿万职工群众为以中国式现代化全面推进强国建设、民族复兴伟业而团结奋斗！

关于中华全国总工会第十七届执行委员会报告起草情况的说明

（2023年10月9日）

徐留平

各位代表，同志们：

我受中华全国总工会第十七届执行委员会的委托，向大会作关于中华全国总工会第十七届执行委员会报告（以下简称工会十八大报告）起草情况的说明。

一、关于报告起草的过程

以习近平同志为核心的党中央高度重视中国工会十八大，将其列入2023年中央政治局常委会工作要点，对筹备召开好大会提出明确要求。2023年1月11日，蔡奇同志主持召开二十届中央书记处第2次办公会议，听取工会等5家群团组织工作汇报，要求提早谋划有关筹备工作，确保换届大会圆满成功。王东明同志在全总十七届七次、八次执委会上提出明确要求，主持召开全总十七届十七次主席会议审议工会十八大报告初稿，并多次对报告初稿提出具体修改意见。全总党组、书记处把起草好工会十八大报告作为中国工会十八大筹备工作的重点任务，专门成立文件起草组。我们全面贯彻习近平新时代中国特色社会主义思想，认真学习领会党的二十大精神，深入学习贯彻习近平总书记关于工人阶级和工会工作的重要论述，按照坚持政治方向、体现时代特征、汇集各方智慧的要求，起草和修改报告。

3月至4月，先后赴7个省（区）开展调研，召开全国工会理论研究工作会议和3个座谈会，形成工会十八大报告提纲。5月中旬至6月中旬，先后赴9个省（区、市）开展调研，在京召开5个座谈会，征求31个省（区、市）总工会和新疆生产建设兵团总工会，各全国产业工会、全总机关各部门、有关直属单位的意见。6月中旬至7月初，先后征求了部分地方工会负责同志、部分全总老领导、全总各位负责同志包括兼职副主席的意见。6月中旬，形成了报告初稿。6月25日召开的全总党组第171次会议和7月4日召开的全总十七届十七次主席会议，分别审议了报告初稿。7月中旬至8月上旬，先后征求了中央和国家机关15个部门对报告初稿的意见。9月12日，中央书记处办公会议讨论审议了报告并作出指示。根据中央书记处指示意见修改完善报告后，9月18日，全总党组第182次会议研究修改了报告。9月20日至21日，全总十七届十八次主席团会议、九次执委会议对报告进行了讨论修改，原则通过了报告（审议稿），决定提交工会十八大审议。会后报中共中央办公厅审阅。根据中办意见，对工会十八大报告再次进行修改后，全总党组将报告上报中办审定，形成提交本次大会的报告。

二、关于报告主要框架和内容

报告由回顾总结、理论阐述、今后工作等3部分组成。全文1.1万字左右。

（一）第一部分回顾新时代我国工运事业的发展和过去五年的工作。

共8个方面，即全面学习贯彻习近平新时代中国特色社会主义思想，坚定拥护“两个确立”、坚决做到“两个维护”；大力加强思想政治引领，团结引导职工群众听党话、跟党走；团结动员广大职工积极建功新时代，充分发挥工人阶级主力军作用；深化产业工人队伍建设改革，努力建设高素质劳动大军；切实履行维权服务基本职责，促进提高职工生活品质；积极构建和谐劳动关系，切实防范化解劳动领域风险隐患；扎实推进改革创新，有效激发工会组织的生机活力；全面加强党的建设，努力建设模范机关。同时，指出了工会工作存在的问题和不足。

（二）第二部分提出要坚持用习近平新时代中国特色社会主义思想统领工会工作。

从8个方面对习近平总书记关于工人阶级和工会工作的重要论述的核心要义进行了概括提炼，即坚持党对工运事业和工会工作的领导，坚持全心全意依靠工人阶级的根本方针，牢牢把握为实现中华民族伟大复兴中国梦而奋斗的时代主题，加强对职工群众的思想政治引领，努力建设高素质劳动大军，大力弘扬劳模精神、劳动精神、工匠精神，切实实现好、维护好、发展好工人阶级和广大劳动群众合法权益，深入推进工会改革创新等，并对学习贯彻总书记重要思想、重要论述提出了明确要求。

（三）第三部分提出今后五年的主要工作。

总体要求是：坚持以习近平新时代中国特色社会主义思想为指导，全面贯彻党的二十大精神，深入贯彻习近平总书记关于工人阶级和工会工作的重要论述，紧紧围绕党和国家工作大局，忠诚党的事业、竭诚服务职工，改革创新、奋发进取，保持和增强政治性、先进性、群众性，持续提高引领力、组织力、服务力，充分发挥党联系职工群众的桥梁纽带作用，团结引导亿万职工群众坚定不移听党话、跟党走，为全面建设社会主义现代化国家、全面推进中华民族伟大复兴发挥主力军作用。围绕总体要求，提出了9个方面工作，分别是：坚持党的全面领导，引导职工群众更加紧密团结在党的周围；聚焦高质量发展这个首要任务，组织职工群众建功立业、创新创造；用心用情做好维权服务工作，实现好、维护好、发展好职工群众的根本利益；着眼统筹发展和安全，坚决维护劳动领域政治安全；突出抓好基层基础工作，打通服务职工群众“最后一公里”；贯彻全面依法治国部署要求，大力推进工会工作法治化；深化工会改革和建设，有效发挥党联系职工群众的桥梁纽带作用；加强工会和职工对外交流交往合作，讲好中国工人阶级故事；落实新时代全面从严治党要求，推动工会系统党的建设高质量发展。

中国工会第十八次全国代表大会关于中华全国总工会第十七届执行委员会报告的决议

（2023年10月12日　中国工会第十八次全国代表大会通过）

中国工会第十八次全国代表大会批准王东明同志代表中华全国总工会第十七届执行委员会所作的报告。报告提出了工会十八大主题，回顾总结新时代我国工运事业的发展和过去五年的工作，深刻阐述坚持用习近平新时代中国特色社会主义思想统领工会工作，对今后五年的主要工作作出了部署安排。

大会认为，新时代我国工运事业的发展和过去五年的工作取得的新进展新成效，根本在于有以习近平同志为核心的党中央的坚强领导，在于有习近平新时代中国特色社会主义思想的科学指引。

大会认为，习近平总书记关于工人阶级和工会工作的重要论述，是习近平新时代中国特色社会主义思想的重要组成部分，深刻阐明了新时代党的工运事业和工会工作的地位作用、工运主题、发展道路、目标任务、根本保证等重大问题，是新时代新征程党的工运事业和工会工作的根本遵循，必须倍加珍惜、长期坚持、全面落实。

大会号召，各级工会要坚持以习近平新时代中国特色社会主义思想为指导，深入贯彻习近平总书记关于工人阶级和工会工作的重要论述，深刻领悟“两个确立”的决定性意义，增强“四个意识”、坚定“四个自信”、做到“两个维护”，始终坚持工会工作正确政治方向，围绕中心、服务大局，履行工会基本职责，实现好、维护好、发展好职工群众的根本利益，踔厉奋发、埋头苦干，团结引导亿万职工坚定不移听党话、跟党走，为以中国式现代化全面推进强国建设、民族复兴伟业而团结奋斗！

学习问答

1. 党的十八大以来，习近平总书记是如何关心关爱工人阶级，高度重视并有力领导推进党的工运事业和工会工作的？

党的十八大以来，习近平总书记始终心系工人阶级和广大劳动群众，每逢“五一”国际劳动节都以不同方式向职工群众致以节日祝贺，每到一地考察都深入基层看望劳动模范、慰问职工群众，亲临全国总工会机关与劳模代表座谈，多次给劳模和一线职工等回信，多次出席与劳模、职工群众直接相关的会议活动并发表重要讲话。2013 年 4 月 28 日，习近平总书记亲临全国总工会机关，同全国劳动模范代表座谈并发表重要讲话。2014 年 4 月 30 日，习近平总书记在新疆考察工作中，在乌鲁木齐接见劳动模范和先进工作者、先进人物代表并与他们座谈。2015 年 4 月 28 日，习近平总书记出席庆祝“五一”国际劳动节暨表彰全国劳动模范和先进工作者大会并发表重要讲话。2016 年 4 月 26 日，习近平总书记在安徽合肥主持召开知识分子、劳动模范、青年代表座谈会并发表重要讲话。2018 年 4 月 30 日，习近平总书记给中国劳动关系学院劳模本科班学员回信。2020 年 4 月 30 日，习近平总书记给郑州圆方集团全体职工回信。2020 年 11 月 24 日，习近平总书记出席全国劳动模范和先进工作者表彰大会并发表重要讲话。2021 年 4 月 30 日，习近平总书记向全国广大劳动群众致以节日的祝贺和诚挚的慰问并作出重要指示。2022 年 4 月 27 日，习近平总书记向首届大国工匠创新交流大会致贺信。2023 年 4 月 30 日，习近平总书记向全国广大劳动群众致以节日的祝贺和诚挚的慰问。2023 年 9 月 1 日，习近平总书记给中国航发黎明发动机装配厂“李志强班”职工回信。一次次座谈交流、一封封回信贺信、一句句暖心话语，生动诠释了习近平总书记至深至厚的人民情怀。

习近平总书记始终高度重视并有力领导推进党的工运事业和工会工作，领导召开党的历史上第一次中央党的群团工作会议，多次对群团工作和群团改革作出重要指示批示，2013 年、2018 年、2023 年分别三次同全国总工会新一届领导班子成员集体谈话，亲自谋划指导产业工人队伍建设改革和工会改革，为党的工运事业和工会工作掌舵领航、把关定向。着眼巩固党长期执政的阶级基础和群众基础，围绕工人阶级和工会工作发表了一系列重要讲话、作出一系列重要指示，形成了习近平总书记关于工人阶级和工会工作的重要论述，是习近平新时代中国特色社会主义思想的重要组成部分，系统阐明了新时代党的工运事业和工会工作的地位作用、工运主题、发展道路、目标任务、根本保证，深刻回答了新时代为什么要全心全意依靠工人阶级、怎样全心全意依靠工人阶级，建设什么样的工会、怎样建设工会等方向性、根本性、战略性重大问题，继承和发展了马克思主义工人阶级和工运学说，传承和发扬了中华优秀传统文化，是对党领导工运事业丰富实践和宝贵经验提炼升华的重大成果，把我们党对工人运动和工会工作的规律性认识提升到一个新高度，为新时代工运事业和工会工作创新发展指明了前进方向、提供了行动指南。

党的十八大以来，在以习近平同志为核心的党中央坚强领导下，在习近平总书记的高度重视和关心关怀下，我国工人阶级在党和国家事业发展中发挥了主力军作用，工运事业取得历史性成就，工会工作实现全方位进步。

2. 如何理解习近平新时代中国特色社会主义思想是当代中国马克思主义、二十一世纪马克思主义，是中华文化和中国精神的时代精华？

党的十九届六中全会审议通过的《中共中央关于党的百年奋斗重大成就和历史经验的决议》指出：习近平新时代中国特色社会主义思想是当代中国马克思主义、二十一世纪马克思主义，是中华文化和中国精神的时代精华。这一重大论断科学阐明了这一思想的理论内涵和重大意义，标明了它在马克思主义发展史、中华文明发展史上的重要地位。

这一思想源于马克思主义基本原理，实现了马克思主义中国化新的飞跃。马克思主义是我们立党立国、兴党强国的根本指导思想。马克思主义理论不是教条而是行动指南，必须随着实践发展而发展，必须中国化才能落地生根、本土化才能深入人心。习近平新时代中国特色社会主义思想是坚定自觉坚持和发展马克思主义的典范，是坚持“两个结合”、勇于推进理论创新的产物，既坚持了老祖宗，又讲了许多新话，对马克思主义哲学、政治经济学、科学社会主义各个领域，都提出了许多标志性引领性的新思想新观点新论断，以全新视野深化了对共产党执政规律、社会主义建设规律、人类社会发展规律的认识，为丰富发展马克思主义作出了原创性贡献，赋予马克思主义鲜明的实践特色、民族特色、时代特色，实现了马克思主义中国化时代化新的飞跃、新的升华。

这一思想植根广袤中国大地和中华民族历史，是中华文化和中国精神的时代精华。中华优秀传统文化是中华民族的根和魂，与马克思主义的许多重大观点具有天然的、内在的契合性，是中国人民接受并信仰马克思主义的深厚文化基础和心理基础。习近平新时代中国特色社会主义思想既立足于现实的中国，又植根于历史的中国，它以中华文明为源头活水，从5000多年璀璨文明中承继人文精神、道德价值、历史智慧的精华养分，把马克思主义的思想精髓与中华优秀传统文化的精神特质融会贯通起来，成为中华优秀传统文化创造性转化、创新性发展的生动典范。它深刻揭示和自觉遵循中华民族传承发展的历史逻辑，深刻反映中华民族自古以来的梦想和追求，特别是近代以后实现中华民族伟大复兴的梦想，凝结着中国人民的伟大创造精神、伟大奋斗精神、伟大团结精神、伟大梦想精神。习近平新时代中国特色社会主义思想充盈着浓郁的中国味、深厚的中华情、浩然的民族魂，具有强大的历史穿透力、文化感染力、精神感召力，是彰显文化自信、饱含历史自觉、赓续中华文脉的理论。

3. 如何深刻理解“两个确立”是党在新时代取得的重大政治成果?

党的二十大通过的关于《中国共产党章程（修正案）》的决议强调：“两个确立”是党在新时代取得的重大政治成果，是推动党和国家事业取得历史性成就、发生历史性变革的决定性因素。“两个确立”已经成为全党全军全国各族人民的高度共识和共同意志，已经写在了新时代的伟大征程中、写在了全党全军全国各族人民心坎上，是党应对一切不确定性的最大确定性、最大底气、最大保证。必须深刻领悟“两个确立”的决定性意义，增强“四个意识”、坚定“四个自信”、做到“两个维护”。

拥有坚强的领导核心、科学的理论指导是成熟的马克思主义政党的重要标志，是中国共产党创造百年辉煌、成就千秋伟业的成功密码。党的十八大以来，习近平总书记以非凡的理论勇气、卓越的政治智慧、高超的领导能力、强烈的使命担当，团结带领全党全国人民采取一系列战略性举措，推进一系列变革性实践，实现一系列突破性进展，取得一系列标志性成果，攻克了许多长期没有解决的难题，办成了许多事关长远的大事要事，经受住了来自政治、经济、意识形态、自然界等方面的风险挑战考验，党和国家事业取得历史性成就、发生历史性变革，开创了中国特色社会主义新时代，赢得了全党全国人民衷心拥护，当之无愧成为党中央的核心、全党的核心。习近平总书记的核心地位，是在长期实践中、在新的伟大斗争中、在与人民群众的密切联系中形成的，是时代的呼唤、历史的选择、人民的期盼。

拥有马克思主义科学理论指导是我们党坚定信仰信念、把握历史主动的根本所在。只有以科学的态度对待马克思主义、以真理的精神追求真理，不断推进马克思主义中国化时代化，不断回答中国之问、世界之问、人民之问、时代之问，作出符合中国实际和时代要求的正确回答，得出符合客观规律的科学认识，党才能正确观察时代、把握时代、引领时代，永远立于不败之地。习近平新时代中国特色社会主义思想深刻回答了新时代坚持和发展什么样的中国特色社会主义、怎样坚持和发展中国特色社会主义，建设什么样的社会主义现代化强国、怎样建设社会主义现代化强国，建设什么样的长期执政的马克思主义政党、怎样建设长期执政的马克思主义政党等重大时代课题，以全新的视野深化了对共产党执政规律、社会主义建设规律、人类社会发展规律的认识，实现了马克思主义中国化时代化新的飞跃。

4. 习近平总书记关于工人阶级和工会工作的重要论述的内涵是什么？

党的十八大以来，习近平总书记站在党和国家事业发展全局的高度，着眼巩固党长期执政的阶级基础和群众基础，多次围绕工人阶级和工会工作发表重要讲话、作出重要指示，形成了习近平总书记关于工人阶级和工会工作的重要论述，是习近平新时代中国特色社会主义思想的重要组成部分。主要包括以下几个方面。

一是坚持党对工运事业和工会工作的领导，永远保持自觉接受党的领导这一优良传统，坚定不移走中国特色社会主义工会发展道路。二是坚持全心全意依靠工人阶级的根本方针，巩固工人阶级的领导阶级地位，充分发挥工人阶级的主力军作用。三是牢牢把握为实现中华民族伟大复兴中国梦而奋斗的时代主题，紧紧围绕党和国家工作大局，组织带领广大职工群众为实现发展目标建功立业。四是加强对职工群众的思想政治引领，引导职工群众听党话、跟党走，巩固党执政的阶级基础和群众基础。五是深化产业工人队伍建设改革，努力建设高素质劳动大军。六是大力弘扬劳模精神、劳动精神、工匠精神，依靠劳动创造扎实推进中国式现代化。七是坚持以职工为中心的工作导向，切实实现好、维护好、发展好工人阶级和广大劳动群众合法权益。八是围绕保持和增强政治性、先进性、群众性，深入推进工会改革创新，健全联系广泛、服务职工的工会工作体系。

习近平总书记关于工人阶级和工会工作的重要论述，意涵深刻、内容丰富，系统完备、科学辩证，是在我国波澜壮阔的工人运动伟大实践中产生的科学理论，具有强大的思想力量、深刻的指导作用、磅礴的实践伟力，为新时代新征程党的工运事业和工会工作创新发展指明了前进方向，提供了根本遵循。

5. 如何理解习近平总书记关于工人阶级和工会工作的重要论述是对马克思主义劳动学说和工运学说的继承和发展?

马克思主义是我们立党立国、兴党强国的根本指导思想。我们党之所以能够走过光辉历程、取得重大成就，就在于始终坚守马克思主义。习近平总书记强调，“在坚持马克思主义指导地位这一根本问题上，我们必须坚定不移，任何时候任何情况下都不能有丝毫动摇”。同时，马克思主义也从来不是一成不变的教条，而是随着生动实践的发展而不断创新发展的。《中共中央关于党的百年奋斗重大成就和历史经验的决议》指出，马克思主义理论不是教条而是行动指南，必须随着实践发展而发展，必须中国化才能落地生根、本土化才能深入人心。

习近平新时代中国特色社会主义思想一以贯之坚持马克思主义，在当代中国、在21世纪的世界高高举起了马克思主义的光辉旗帜，集中体现了马克思主义鲜明的理论品格和精神实质。作为其重要组成部分，习近平总书记关于工人阶级和工会工作的重要论述，则继承和发展了马克思主义劳动学说和工运学说。一方面，全面继承了马克思主义劳动学说和工运学说关于工人阶级、工人运动、工会组织的理论，体现了马克思主义基本原理、基本观点、基本方法；另一方面，立足于新的时代特点，对马克思主义劳动学说和工运学说进行了创新和发展，充分展现了马克思主义的当代价值。比如，强调工会只有坚持党的领导，工会工作才能方向明确、不走偏路，才能做得有声有色、扎实有效；强调全心全意依靠工人阶级，要贯彻到党和国家政策制定、工作推进全过程，落实到企业生产经营各方面，做到在政治上保证、制度上落实、素质上提高、权益上维护；强调坚持中国特色社会主义工会发展道路，努力使这条道路越走越宽广；强调劳动是推动人类社会进步的根本力量，实现奋斗目标必须依靠辛勤劳动、诚实劳动、创造性劳动；强调坚持以职工为中心的工作导向，把竭诚服务职工群众作为工会一切工作的出发点和落脚点；强调深化工会改革和建设，有效发挥桥梁纽带作用，等等。这些重要论述，从中国工人运动实际出发，彰显了坚持真理、守正创新的理论风范，是马克思主义劳动学说和工运学说中国化时代化的最新成果，具有强大的生命力、创造力和感召力。

6. 如何理解习近平总书记关于工人阶级和工会工作的重要论述是对中华优秀传统文化的传承和发扬？

文化是一种精神、一种信念、一种力量，是人民的精神家园。中华优秀传统文化，是中华民族的血脉，也是我们党创新理论的根脉。习近平总书记指出：“马克思主义传入中国后，科学社会主义的主张受到中国人民热烈欢迎，并最终扎根中国大地、开花结果，决不是偶然的，而是同我国传承了几千年的优秀历史文化和广大人民日用而不觉的价值观念融通的。”我们党在推进马克思主义中国化时代化的过程中，高度重视发掘、继承、弘扬中华优秀传统文化，用马克思主义真理的力量激活了中华民族历经几千年创造的伟大文明，使中华文明再次迸发出强大精神力量。

习近平总书记关于工人阶级和工会工作的重要论述，蕴含着丰富的中华优秀传统文化基因，是与中华优秀传统文化相结合的典范。中华优秀传统文化历来崇尚劳动、讴歌创造、鼓励奋斗，从古代劳动人民“日出而作、日入而息”的简朴生活，到历代先贤以“天道酬勤”、“功崇惟志，业广惟勤”、“业精于勤，荒于嬉”为座右铭，再到“天行健，君子以自强不息”、“上下同欲者胜”等箴言，都充分体现了劳动创造、拼搏奋斗是融入中华民族血脉中的重要精神标识。中国共产党成立后，一代又一代的共产党人，传承和发扬中华优秀传统文化，团结带领工人阶级和广大劳动群众辛勤劳动、创新创造，奏响了“咱们工人有力量”的主旋律。进入新时代以来，习近平总书记高度礼赞劳动的价值，热情褒扬中国人民勤劳勇敢、无私奉献的高尚品德，强调“人世间的一切幸福都需要靠辛勤的劳动来创造”、“中华民族是勤于劳动、善于创造的民族”、“实现伟大梦想就要顽强拼搏、不懈奋斗”。这些重要论述，根植于中华优秀传统文化，是习近平总书记关于工人阶级和工会工作的重要论述的重要创新，为激励广大职工群众奋进新征程、建功新时代提供了强大的思想引领和精神支撑。

7. 如何理解习近平总书记关于工人阶级和工会工作的重要论述是对党领导工运事业丰富实践和宝贵经验提炼升华的重大成果?

理论因时代而生，任何理论的产生及其发展，都有着深刻的时代背景。党的十八大以来，以习近平同志为核心的党中央统筹中华民族伟大复兴战略全局和世界百年未有之大变局，团结带领全党全军全国各族人民，有效应对严峻复杂的国际形势和接踵而至的巨大风险挑战，攻克了许多长期没有解决的难题，办成了许多事关长远的大事要事，推动党和国家事业取得历史性成就、发生历史性变革。我国工运事业是党的事业的重要组成部分，习近平总书记始终给予高度重视，每逢“五一”国际劳动节都以不同形式向职工群众致以节日祝贺；每到一地考察都深入基层看望劳模工匠、慰问职工群众；亲临全国总工会机关与劳模代表座谈；多次给劳模、一线职工等回信；向首届大国工匠创新交流大会致贺信；领导召开党的历史上第一次中央党的群团工作会议；亲自谋划指导产业工人队伍建设改革和工会改革，等等。在这一过程中，习近平总书记从党和国家事业发展全局出发，从党的工运事业和工会工作面临的形势任务出发，深刻阐明了新时代党的工运事业和工会工作的根本保证、基本原则、时代主题、政治责任、基本职责、发展路径，明确了工人阶级和工会组织在新时代担负什么样的历史使命、履行什么样的基本职责等一系列理论和实践问题。这些重要论述，是在新时代的伟大实践中形成并不断丰富和拓展的，具有鲜明的时代底色和实践品格，是符合中国国情、体现时代特点、适应工会实际、反映职工需求的科学的工运理论，是新时代党的工运事业和工会工作创新发展的行动指南。

8. 习近平总书记关于工人阶级和工会工作的重要论述的重大意义是什么?

习近平总书记关于工人阶级和工会工作的重要论述，深刻阐明了新时代党的工运事业和工会工作的地位作用、工运主题、发展道路、目标任务、根本保证等重大问题，贯穿了我们党坚持以人民为中心的发展思想和全心全意依靠工人阶级的方针，充分肯定了工人阶级的主人翁地位和工会组织在党和国家工作大局中的作用，科学回答了新时代工运事业和工会工作举什么旗、走什么路、达到什么目标等一系列方向性、根本性、战略性问题，从政治上为工会工作把关定向，具有重大的政治意义；立足党的工运事业和工会工作的历史进程，集中阐述了党中央关于工人阶级和工会工作的大政方针，具有深邃的历史眼光和宽广的时代视野，既进一步指明了工会工作的前进方向，又进一步推进了工运事业的历史进程，具有深远的历史意义；以马克思主义与时俱进的理论品格，就劳动本质论、劳动价值论、劳动关系论等提出了一系列新思想新观点新论断，把我们党对工人运动和工会工作的规律性认识提升到一个新高度，具有深刻的理论意义；明确了工人阶级和工会组织在新时代担负什么样的历史使命、履行什么样的基本职责，工会工作干什么、怎么干等问题，是对党领导工运事业丰富实践和宝贵经验提炼升华的重大成果，具有鲜明的实践意义。

9. 如何深刻领会党的创新理论蕴含的世界观方法论?

习近平总书记在二十届中央政治局第一次集体学习时指出:“科学的世界观和方法论是我们研究问题、解决问题的‘总钥匙’。”习近平新时代中国特色社会主义思想博大精深，理解把握这一重要思想科学体系的“总钥匙”，就是植根于马克思主义世界观、方法论和立场观点方法之中，坚持党的思想路线，体现新时代中国共产党人创新发展的“六个必须坚持”。只有准确把握包括“六个必须坚持”在内的习近平新时代中国特色社会主义思想的立场观点方法，才能更好领会这一重要思想的精髓要义。深刻领会这一重要思想的世界观方法论，工会组织要结合工作实际，更好地把党的创新理论转化为认识世界、改造世界的强大力量，更好把握新时代新征程工运事业和工会工作的特点与规律，增强做好工会工作的责任感使命感，提高履职尽责的能力和水平。坚持人民至上，就是要突出群众性这一根本特点，树立以职工为中心的工作导向，把竭诚为职工群众服务作为工会一切工作的出发点和落脚点，把握职工诉求、尊重职工意愿、汇聚职工智慧。坚持自信自立，就是要增强道路自信、理论自信、制度自信、文化自信，立足职工队伍实际和正在干的工作，坚定不移走中国特色社会主义工会发展道路。坚持守正创新，就是要始终坚持中国工会的性质地位、职责作用，保持光荣传统和优良作风，紧跟时代步伐，顺应实践发展，适应职工需求，以改革创新精神、顽强斗争意志打开工运事业发展新天地。坚持问题导向，就是要聚焦推进工作中遇到的新问题、影响工会作用发挥的深层次问题、职工群众关心的急难愁盼问题，大兴调查研究，不断发现问题、研究问题、解决问题。坚持系统观念，就是要把建会入会与发挥作用统筹起来，把调动地方工会和产业工会积极性统筹起来，把职工思想政治引领与建功立业、维权服务统筹起来，把激发自身活力与争取党政支持统筹起来，做到系统谋划、突出重点、整体推进。坚持胸怀天下，就是要始终高举和平、发展、合作、工人权益的旗帜，发挥工会民间外交优势，讲好中国故事、中国工人阶级故事、中国工会故事，提供中国工会方案。

10. 如何理解中国工会十八大的主题?

中国工会十八大报告指出："大会的主题是：坚持以习近平新时代中国特色社会主义思想为指导，全面贯彻党的二十大精神，深入贯彻习近平总书记关于工人阶级和工会工作的重要论述，全面落实全心全意依靠工人阶级根本方针，忠诚履职、勇于担当，组织动员亿万职工为全面建设社会主义现代化国家、全面推进中华民族伟大复兴团结奋斗。"大会的主题，是大会精神的集中体现。中国工会十八大主题不仅高度凝练、言简意赅，而且蕴含着丰富的内涵。领会好大会主题的丰富内涵，对于全面准确领会大会精神特别是报告的精神意义重大。

关于"坚持以习近平新时代中国特色社会主义思想为指导，全面贯彻党的二十大精神，深入贯彻习近平总书记关于工人阶级和工会工作的重要论述，全面落实全心全意依靠工人阶级根本方针"。这强调的是中国工会要坚持的指导思想和政治方向的问题，就是要宣示，在新时代新征程上各级工会必须坚持以马克思主义中国化时代化最新成果为指导，以全面贯彻党的二十大精神为指引，把习近平总书记关于工人阶级和工会工作的重要论述作为基本遵循，把党的全心全意依靠工人阶级根本方针全面落实到各项工作中去，确保党的工运事业和工会工作始终沿着正确方向前进。

关于“忠诚履职、勇于担当”。这强调的是精神状态问题，就是要宣示，在前进道路上，中国工会必须以忠诚党的事业、竭诚服务职工为己任，忠实履行维护职工合法权益、竭诚服务职工群众的基本职责，切实担负起新时代新征程的使命任务，以永不懈怠的精神状态和一往无前的奋斗姿态，不断把党的工运事业和工会工作推向前进。

关于“组织动员亿万职工为全面建设社会主义现代化国家、全面推进中华民族伟大复兴团结奋斗”。这强调的是朝着什么样的目标继续前进的问题，就是要宣示，新时代新征程上，工会组织要继续在党的坚强领导下，立足自身定位、积极履行职责，在全面推进中华民族伟大复兴的历史进程中充分彰显担当作为，切实把工人阶级团结奋斗的磅礴力量汇聚起来。

11. 五年来工会是如何全面学习贯彻习近平新时代中国特色社会主义思想，坚定拥护“两个确立”、坚决做到“两个维护”的？

五年来，各级工会坚持把学习贯彻习近平新时代中国特色社会主义思想作为首要政治任务，不断强化理论武装，持续提高政治判断力、政治领悟力、政治执行力，以理论上的清醒保证政治上的坚定。

一是坚持不懈用习近平新时代中国特色社会主义思想凝心

铸魂。扎实开展“不忘初心、牢记使命”主题教育、党史学习教育、学习贯彻习近平新时代中国特色社会主义思想主题教育，深入把握习近平新时代中国特色社会主义思想的世界观、方法论和贯穿其中的立场观点方法，持续学懂弄通做实，推动入脑入心入行。健全完善各级工会领导机关和基层工会组织理论学习制度机制，分级分类开展全覆盖培训，教育引导各级工会干部和广大职工群众自觉做习近平新时代中国特色社会主义思想的坚定信仰者和忠实实践者。

二是不断深化习近平总书记关于工人阶级和工会工作的重要论述的学习贯彻和研究阐释。坚持把学习贯彻习近平总书记关于工人阶级和工会工作的重要论述作为一项战略工程来抓，将重要论述纳入各级工会党组（党委）理论学习中心组学习内容，广泛应用于工会各类教育培训活动，定期召开学习贯彻重要论述理论研讨会，形成学习贯彻党的工运创新理论的制度性安排。不断深化重要论述的学习贯彻和研究阐释，2018 年、2020 年两次内部编印《习近平关于工人阶级和工会工作论述摘编》，2021 年出版《深入学习贯彻习近平总书记关于工人阶级和工会工作的重要论述》，被中宣部列入 2021 年主题出版重点出版物选题目录，推动《习近平关于工人阶级和工会工作论述摘编》于 2023 年 9 月公开出版。深入学习贯彻习近平总书记在全国劳动模范和先进工作者表彰大会上的重要讲话、给郑州圆方集团全体职工的回信、致首届大国工匠创新交流大会的贺信精神等，通过多种形式进行传达学习，及时对学习宣传贯彻工作作出部署，广泛开展宣传宣讲活动，迅速掀起学习宣传贯彻热潮。

三是坚决贯彻落实习近平总书记重要指示批示精神和党中

央决策部署。认真学习贯彻党的十九大、二十大以及中央全会精神，着力在全面学习、全面把握、全面落实上下功夫，准确把握工会组织贯彻落实的切入点和落脚点。坚持和完善自觉接受党的领导制度，完善和落实全总党组向党中央、各级工会党组织向同级党委请示报告重大事项制度。完善党组（党委）会议“第一议题”等制度，第一时间传达学习、第一时间研究落实习近平总书记重要指示批示精神和党中央决策部署，推动建立逐项分解、落实责任、建立台账、跟踪督查、定期“回头看”的闭环工作制度，确保件件有着落、事事有回音。

12. 党的十八大以来，我国工人阶级为推动经济社会发展作出了哪些重要贡献？

党的十八大以来，在以习近平同志为核心的党中央坚强领导下，我国工人阶级紧紧团结在党的周围，与党同心、跟党奋斗，在促进经济社会高质量发展、脱贫攻坚、抗击新冠疫情和各种自然灾害、应对各种风险挑战中勇担重任、拼搏实干，为推动党和国家事业取得历史性成就、发生历史性变革作出了重要贡献。在波澜壮阔的实践中，我国工人阶级信念更加坚定、素质全面提高、面貌焕然一新，充分展现了主人翁的豪迈姿态。

一是在推动高质量发展中彰显作为。广大职工紧紧围绕国家重大战略、重大工程、重大项目、重点产业，积极投身“践行新理念、建功‘十三五’”、“当好主人翁、建功新时代”、“建功‘十四五’、奋进新征程”等主题劳动和技能竞赛，产生了一批劳动和技能竞赛品牌项目，打造了一批精品工程，广大职工的劳动热情和创新创造活力被充分激发，用智慧和汗水在平凡的工作岗位上创造了不平凡的业绩，在推动产业转型升级、经济社会高质量发展中发挥了主力军作用。

二是在实施制造强国战略中发挥作用。广大职工踊跃参加技术革新、技术协作、发明创造、合理化建议、网上练兵和“小发明、小创造、小革新、小设计、小建议”等群众性创新创造活动，为推动“制造大国”迈向“制造强国”贡献智慧和力量。在这一过程中，广大职工积极参与职业技能培训和优秀技术创新成果交流活动，立足岗位勤于钻研技术、练就过硬本领，不断提高技术技能水平。

三是在抗击新冠疫情大战大考中展示力量。2020 年以来，面对新冠疫情的影响和冲击，广大职工积极投身疫情防控的人民战争、总体战、阻击战，全方位投入一线群防群治、医疗设施建设、防护用品生产、民生保障、抗疫志愿服务等各项工作中，助力企业复工复产，为全国抗疫斗争取得重大战略成果、统筹疫情防控和经济社会发展工作取得积极成效作出了突出贡献，展现了敢打硬仗、勇挑重担的时代风采。

13. 中国工会十七大以来工会工作的主要成就是什么？

中国工会十七大以来，各级工会坚持以习近平新时代中国特色社会主义思想为指导，学习贯彻习近平总书记关于工人阶级和工会工作的重要论述，围绕中心、服务大局，积极进取、勇担责任，聚焦主责主业、深化改革创新，政治性、先进性、群众性不断增强，推动各项工作取得新进展新成效，动员广大职工积极建功新时代，同全国人民同步迈上全面建设社会主义现代化国家新征程。

一是坚持把学习贯彻习近平新时代中国特色社会主义思想作为首要政治任务，全面学习贯彻习近平新时代中国特色社会主义思想，深入贯彻习近平总书记关于工人阶级和工会工作的重要论述，坚定拥护“两个确立”、坚决做到“两个维护”。二是认真履行政治责任，大力加强思想政治引领，推动习近平新时代中国特色社会主义思想进企业、进车间、进班组，走近职工身边、走进职工心里，团结引导职工群众听党话、跟党走。三是围绕国家重大战略、重大工程、重大项目、重点产业，广泛深入持久开展各种形式的劳动和技能竞赛，扎实推进企业开展劳动竞赛、“五小”等群众性创新创造活动，团结动员广大职工积极建功新时代，充分发挥工人阶级主力军作用。四是坚决贯彻习近平总书记重要指示批示精神，认真履行牵头抓总职责，深化产业工人队伍建设改革，努力建设高素质劳动大军。五是切实履行维权服务基本职责，加大城市困难职工帮扶解困力度，加大对职工劳动就业、收入分配、社会保障、劳动安全卫生等权益的维护力度，突出抓好重点群体维权服务，推动健全落实新就业形态劳动者权益维护制度和政策，促进提高职工生活品质。六是坚持维权维稳相统一，建立健全落实“五个坚决”要求长效机制，一手抓防范化解，一手抓引领构建，积极构建和谐劳动关系，切实防范化解劳动领域风险隐患，坚决维护职工队伍和社会大局和谐稳定。七是扎实推进改革创新，积极参与工会法等法律法规修改工作，加强工会工作法治化建设，推行“重点建、行业建、兜底建”模式，扎实开展“转作风、解难题、促发展、保稳定”专项行动，推进“县级工会加强年”专项工作，有效激发工会组织的生机活力。八是贯彻新时代党的建设总要求，全面加强党的建设，努力建设模范机关，不断把全面从严治党引向深入，每年召开全国工会党风廉政建设、推进全面从严治党工作会议，持之以恒正风肃纪反腐，坚持改进工作作风、密切同职工群众联系，常态化开展工会系统机关干部赴基层蹲点工作。九是建立健全与港澳台工会和劳动界的交流合作机制，加强与各国工会组织、区域和国际工会组织的交流交往，讲好中国工人阶级和中国工会故事，工会、职工交流交往合作日益广泛。

14. 五年来工会是如何加强思想政治引领，团结引导职工群众听党话、跟党走的？

五年来，各级工会认真履行引导职工群众听党话、跟党走的政治责任，不断提升思想政治引领的针对性、时效性。

一是坚持用党的创新理论武装职工。广泛开展“永远跟党走、奋进新征程”、“喜迎二十大、建功新时代”、“凝心铸魂跟党走、团结奋斗新征程”等宣传教育活动，在全社会叫响做实“中国梦·劳动美”主题教育品牌，通过组织开展职工演讲比赛、知识竞赛、阅读诵读，组建劳模工匠宣讲团，编写出版《党的二十大精神职工学习问答》、《党的二十大精神职工学习题库》等形式载体，引导广大职工群众深入学习贯彻习近平新时代中国特色社会主义思想和党的二十大精神，持续增进对党的创新理论的政治认同、思想认同、理论认同、情感认同。

二是坚持以社会主义核心价值观引领职工。加强红色工运资源的挖掘保护和管理运用，制定《全国职工爱国主义教育基地命名管理办法（试行）》，命名 59 个全国职工爱国主义教育基地，同步建设云游红色工运地标线上 VR 展馆，推进中国工人运动历史展览筹备工作，联合举办纪念安源路矿工人运动100周年座谈会，教育引导广大职工群众传承红色基因、赓续红色血脉。加强以职业道德建设为重点的“四德”建设，开展两届全国职工职业道德建设评选表彰活动，广泛开展职工志愿服务，每年联合发布全国“最美职工”，引导广大职工群众做崇德向善的践行者、文明新风的推动者。

三是坚持用先进文化培育职工。持续擦亮“工”字系列职工文化特色品牌，每年开展“阅读经典好书 争当时代工匠”全国工会职工书屋主题阅读交流活动，持续推进职工书屋建设。印发加强新时代职工文化建设的指导意见，持续举办“五一”特别节目，开展书法美术摄影、歌曲舞蹈曲艺、乒乓球羽毛球大赛、线上运动健身等活动，挖掘推广《麓山之歌》、《钢铁意志》、《南粤工匠》、《奋斗者之歌》、《亿万职工心向党》等文艺作品，培育健康文明、昂扬向上、全员参与的职工文化。

四是坚持用正确舆论引导职工。修订全总党组贯彻落实意识形态工作责任制实施细则，全面加强工会报刊、网站、“三微一端”、出版社、院校、文艺团体、研究机构等意识形态阵地建设和管理。强化工会网上舆论引导，制定实施加强和改进工会新闻舆论工作的意见，建立完善工会宣传引导工作机制，印发关于构建工会大宣传格局的工作方案，建设工会新媒体矩阵，全国总工会建设全国工会融媒平台，带动各级工会建强用好融媒体中心。每年开展全国职工思想状况调研、联合主办“网聚职工正能量 争做中国好网民”主题活动，加强形势政策宣传教育，积极回应职工关切。

15. 五年来工会是如何深化产业工人队伍建设改革，推动形成高素质劳动大军的？

五年来，各级工会坚决贯彻习近平总书记重要指示批示精神，认真履行牵头抓总职责，加强统筹协调，健全制度机制，持续推动产业工人队伍建设改革走深走实，努力建设高素质劳动大军。

一是不断完善改革制度机制。成立推进产改工作领导小组，加大成员单位间协调推进力度，推动制定产业工人队伍建设改革评价考核机制、全国产业工会作用发挥机制、专题培训机制、发挥企业主体作用机制、分类指导机制等。牵头研究制定深化产业工人队伍建设改革的意见，推动出台加强新时代高技能人才队伍建设等文件，推动产业工人队伍建设法列入十四届全国人大常委会立法规划。截至目前，党中央、国务院及相关部门出台配套文件 100 多个，全国总工会出台 20 多个，31 个省（区、市）均已出台改革实施方案及配套政策文件。

二是持续加大改革推进力度。实施产业工人队伍建设改革提升年、深化年行动，举办改革 5 周年系列活动，通过试点先行先试促进改革全面深入开展。推动将改革纳入地方党委和政府考核项目，以协调小组名义首次对各地推进改革工作情况进行评价考核。开展十大产业百家企业深化产业工人队伍建设改革专项行动，充分发挥企业主体作用和成员单位协同作用，联合制定印发充分发挥国有企业在产改中带动作用的意见，召开非公企业产改推进会，积极推动非公企业开展产改。组建产改专家委员会，加强经验总结、培训交流与理论研究。

三是全力落实改革重点任务。聚焦产业工人思想引领、建功立业、素质提升、地位提高、队伍壮大等重点任务，创新产业工人思想引领方式，组织动员广大产业工人建功新时代，推动完善现代职业教育制度、职业发展制度，着力构建产业工人技能形成体系和激励机制，不断畅通产业工人成才通道。着力提高产业工人地位，进一步明确产业工人在各级党组织和人大、政协、群团组织的代表大会代表、委员会委员中的比例；2018年以来全国五一劳动奖章表彰中产业工人比例均超过40%，多名产业工人被推荐获得“改革先锋”称号和“七一勋章”。加大新就业形态劳动者建会入会力度，维护好包括新就业形态劳动者在内的产业工人合法权益，等等。

16. 五年来工会是如何大力弘扬劳模精神、劳动精神、工匠精神的?

五年来，各级工会坚持把大力弘扬劳模精神、劳动精神、工匠精神摆在重要位置来抓，通过形式多样的工作，不断推动形成劳动光荣、创造伟大的浓厚社会氛围。

一是加强劳模工匠宣传选树。牵头负责五年一次的全国劳动模范和先进工作者表彰大会，习近平总书记出席大会并发表重要讲话，定期召开庆祝“五一”国际劳动节大会，开展全国五一劳动奖和工人先锋号评选表彰，五年来，共表彰全国五一劳动奖状926个、奖章4026名、先锋号4119个，全国五一巾帼奖2200个。广泛开展“中国梦·劳动美”、“劳动创造幸福”等系列宣传教育活动，深化劳模工匠进校园、进企业活动，协调中央主流媒体开设“劳动者之歌”专栏。2018年起，全国总工会联合开展“大国工匠年度人物”发布活动，共发布40名“大国工匠年度人物”，带动各级工会打造各具特色的工匠人物选树宣传品牌，唱响了新时代劳动者之歌，营造了劳动最光荣、劳动最崇高、劳动最伟大、劳动最美丽的社会氛围。

二是关心关爱劳模工匠。加强劳模管理服务制度建设，积极组织劳模参加疗休养，做好困难劳模的帮扶救助工作，探索开展劳模健康管理服务试点，组织劳模参加庆祝新中国成立70周年活动和中国共产党成立100周年文艺演出、庆祝大会、百年党史专题展览等系列庆祝活动。设立大国工匠激励保障专项资金，开展高技能人才评选表彰活动，推荐多名一线工人获得国家科技进步奖、高技能人才享受国务院政府特殊津贴，广大劳模工匠政治地位、经济地位、社会地位显著提高。

三是搭建劳模工匠发挥作用平台。举办两届大国工匠创新交流大会、大国工匠论坛，习近平总书记专门向首届大国工匠创新交流大会致贺信，打造了大国工匠展示风采、交流成果、分享经验的响亮品牌。深化劳模和工匠人才创新工作室创建活动，发挥广大劳模工匠在传承技术技能、支持创新创造中的示范引领作用。建设新时代工匠学院，全面推行学徒制培训，截至2023年6月，已建设各级各类工匠学院360家。建设“技能强国—全国产业工人学习社区”平台，组织劳模和工匠人才在线授课，启动实施“劳模工匠助企行”专项行动，帮助专精特新中小企业解决技术难题、提升创新能力、提高职工技能水平。

17. 五年来工会是如何组织动员广大职工广泛深入持久开展劳动和技能竞赛的?

五年来，各级工会坚持围绕中心、服务大局，广泛深入持久开展“践行新理念、建功‘十三五’”、“当好主人翁、建功新时代”、“建功‘十四五’、奋进新征程”等主题劳动和技能竞赛，为广大职工充分发挥主力军作用搭建舞台。

一是在“广泛”上下功夫，不断提高竞赛覆盖广度。围绕国家重大战略、重大工程、重大项目、重点产业，组织职工开展形式多样、多行业、多领域的竞赛活动，参与竞赛活动的企事业单位和职工数量年均分别达到58万余家、5806万人次。在助推重大战略实施方面，围绕科教兴国战略、人才强国战略、创新驱动发展战略、乡村振兴战略、区域协调发展战略、可持续发展战略等国家重大战略开展竞赛，积极助力实现高质量发展；在助力重大工程建设方面，围绕载人航天、水电站、铁路、新区建设、生态环保、基础信息技术等开展竞赛，有力推动重大工程建设跑出“加速度”；在助推重大项目实施方面，围绕量子通信与量子计算机、航空发动机、网络空间安全、深海深空探测、新型材料、清洁能源等开展竞赛，努力促进攻克“卡脖子”关键核心技术难题、助力提高科技自立自强能力；在助力重点产业发展方面，围绕新一代信息技术、高端装备、新能源汽车、绿色环保、航空航天海洋装备、现代服务业等开展竞赛，持续增强产业发展动能。

二是在“深入”上下功夫，不断延伸竞赛触达深度。聚焦企业、车间、班组，积极开展技术革新、工艺攻关、质量提升、安全生产等领域丰富多样的比武竞赛，推动竞赛活动不断向基层和非公企业拓展，向管理、服务等领域延伸，向新产业新业态新组织延伸，营造比学赶超的良好氛围。以创建“工人先锋号”为载体广泛开展班组竞赛和质量提升活动，充分发挥班组长和高技能人才的带头作用，广泛推动落实新型学徒制，结成多工种、多领域难题攻克小组，结合实际工作岗位遇到的技术、工艺问题进行革新、改进，广泛开展“优胜班组”、“攻坚能手”等竞赛项目，在竞赛活动中锻炼队伍、提高能力、取得成效、塑造文化。

三是在“持久”上下功夫，不断完善竞赛长效机制。重视融合，推动企业把竞赛纳入日常工作中，与技术难题攻关、技术技能培养、劳动安全卫生等有机结合起来，相互促进、相互提高。重视推广应用，通过案例分享、经验交流、成果展示、专题研讨等机制，利用“技能强国—全国产业工人学习社区”平台，在全国范围内推广应用，发挥劳动竞赛成果的乘数效应。重视激励，推动企业将技能人才和创新成果纳入表扬表彰、技能晋级、薪酬提升、参与分配等奖励制度。重视成果转化，完善平台和机制，组织开展职工创新成果转化签约活动，促进转化为现实生产力，支撑产业升级转型。

18. 五年来工会是如何开展“五小”等群众性创新创造活动的?

五年来，各级工会把增强职工创新意识、激发职工创新潜能、提高职工创新能力作为着力点，注重岗位创新、解决一线问题、增强创新能力，组织动员更多职工投身技术革新、技术协作、发明创造、合理化建议、岗位练兵和“小发明、小创造、小革新、小设计、小建议”等群众性创新创造活动，为实现高质量发展和高水平科技自立自强提供了强大支持。

一是加大活动支持力度。印发《关于广泛深入持久开展“五小”活动的指导意见》，结合“县级工会加强年”专项工作，抓好县级工会“五小”活动，着力扩大覆盖面、坚持立足岗位实践、注重创新方式方法、突出创新成果转化、加大奖励激励力度，使活动落实到基层、落实到企业、深入到一线。

二是充实完善活动体系。进一步完善以岗位创新、班组（团队）创新、劳模和工匠人才（职工）创新工作室以及创新工作室联盟等为主要内容的“五小”活动体系。坚持“学、练、评、赛”的原则，扎实推进全国“五小”等群众性创新创造系列活动，以赛促学，加强职工群众创新教育，激发职工创新创造热情。

三是推动职工技术创新成果转化。深入开展职工优秀创新成果展示交流、名师带高徒、师徒技能传承等活动，管好用好职工创新补助资金，引导激励职工立足岗位创新创造。不断拓展广大职工技术创新成果孵化、展示、交流平台和载体。五年来，全国已建工会企事业单位所覆盖职工共提出合理化建议3991万件，技术革新226.7万项，发明创造106.9万项，推广先进操作法69.1万项。

19. 五年来工会是如何深化劳模和工匠人才创新工作室建设的？

五年来，各级工会聚焦提高劳模和工匠人才创新工作室创建质量和运行实效，广泛开展技术创新、管理创新、服务创新、制度创新，最大限度实现创新工作室示范引领、集智创新、协同攻关、传承技能、培育精神等功能，为劳动模范、大国工匠发挥作用搭建平台、提供舞台，充分激发了广大职工创新创造的积极性主动性。

一是加强创建工作指导。充分调动企业创建创新工作室的积极性主动性，鼓励企业将创建工作纳入企业创新工作总体规划，从场地保障、人员配备、资金投入、设备设施、活动时间等方面给予大力支持。加大对创新工作室领衔人培养力度，鼓励职业相关、技术相近、技能相通的工作室领衔人互学互鉴，共同提升创新能力和水平。着力加强创新工作室信息化管理，推动完善创新工作室网络工作平台。

二是做好分级分类管理。推动形成以全国示范性创新工作室为引领、以省市级创新工作室为主体、基层创新工作室蓬勃发展的工作体系。五年来，新命名 100 家全国示范性劳模和工匠人才创新工作室，全国县级以上地方工会已命名劳模和工匠人才创新工作室 3.6 万个。坚持分类施策，引导国有企业创新工作室加强制度建设、制定工作标准、规范运转程序，促进持续健康发展；指导非公企业深化对创建创新工作室重要性的认识，深入挖掘企业劳模和工匠人才的创新创造潜能，加快创新工作室的建立和推广；鼓励机关事业单位创建符合单位实际的创新工作室，进一步拓宽创建领域。

三是加强创新能力建设。充分发挥技术攻关型创新工作室的创新创造潜能，紧贴企业生产实际，带动更多职工投身技术革新、技术协作、发明创造、合理化建议、岗位练兵和“五小”活动，破解技术难题，促进企业技术进步。推动技能传授型创新工作室为劳模和工匠人才传授绝技绝活提供有利条件，有效提高“传帮带”的实际成效，培养造就更多高技能人才。引导窗口服务型创新工作室在改进服务流程、拓展服务手段上不断创新，切实提高服务质量和水平。

四是加大交流合作力度。引导企业探索创建跨区域、跨行业、跨企业的劳模和工匠人才创新工作室联盟，加强技术创新交流合作，开展创新成果展示交流活动，组织推荐创新工作室成果和专利参加各类奖项评选和展示交流，推动创新成果在本产业、本地区乃至更大范围转化应用。

20. 五年来工会是如何推动提升职工技术技能素质的?

五年来，各级工会着力在加强培训、搭建平台、强化激励上下功夫，充分激发广大职工学习新知识、掌握新技能、创造新技术的积极性主动性，推动提升广大职工技术技能素质。

一是构建促进职工技能素质提升工作体系。推动健全落实高技能人才培养、使用、评价、激励、保障机制，建立完善职工职业生涯成长规划，拓宽技能人才职业发展通道。支持鼓励技能人才立足岗位，积极参与应用研究、技术开发、成果转化，推动技能人才生产实践、创新创造、能力提升协同并进。加强对大国工匠和高技能人才先进事迹与尊崇礼遇的宣传报道，加大对技能人才贡献的宣传力度，着力凝聚崇尚技能的正能量，促进形成尊重技能的社会风尚。

二是推动落实终身职业技能培训制度。实施职业技能提升行动，不断创新技能人才培养培育方式，拓展职工技术技能素质提升途径。2019 年起，全国总工会每年设立 1000 万元专项扶持资金，带动各地工会加大投入，深入推进“求学圆梦行动”，每年帮助30万名职工实现学历和能力提升。联合科技部实施高技能领军人才境外培训，建立服务技能人才培养的部际合作机制。促进企业发挥主体作用，通过推动校企联合培养、订单式培养等工学一体的培养模式，有效构建起校企人才培养输送机制。推行现代学徒制和企业新型学徒制。建设“技能强国—全国产业工人学习社区”平台，加大产业工人技能培训力度。推动职业教育和培训合理配置、有机衔接，向技术工人提供普惠性、均等化、终身化的职业技能培训。开展职工技能培训，联合实施高技能领军人才境外培训。连续两年举办数字技能提升培训班，研究制定《巾帼劳模工匠数字技能提升中长期规划（2023—2025年）》。五年来，基层以上工会组织技术培训班26.1万次，参加培训职工1844.2万人次。

三是广泛开展岗位练兵、技术比武、技术创新等竞赛活动。围绕国家重大战略、重大工程、重大项目、重点产业，联合举办多项国家级职业技能大赛，举办全国职工数字化应用技术技能大赛，打造职工技能竞赛系列品牌，探索新产业新业态开展竞赛的新形式，加强对非公企业竞赛工作的指导，进一步扩大覆盖面、提高参与度。加大对技能比赛的支持力度，制定《职工职业技能比赛授予全国五一劳动奖章管理办法》，充分发挥技能比赛在提高技能水平、培养技能人才方面的重要作用。五年来，全国参加基层以上工会组织技能比赛的职工累计1.09亿人次。

21. 五年来工会是如何积极构建和谐劳动关系，切实防范劳动领域风险隐患的?

五年来，各级工会深入贯彻总体国家安全观，坚持维权维稳相统一，一手抓防范化解，一手抓引领构建，坚决维护职工队伍和社会大局和谐稳定。

一是加强协调劳动关系制度机制建设。贯彻落实中共中央、国务院《关于构建和谐劳动关系的意见》，召开全国工会协调劳动关系工作座谈会，推动国家协调劳动关系三方印发《关于推进新时代和谐劳动关系创建活动的意见》，召开全国和谐劳动关系创建示范经验交流会，实施劳动关系“和谐同行”能力提升三年行动计划，开展全国和谐劳动关系创建工作先进表彰，培育基层劳动关系公共服务样板站点，开展构建和谐劳动关系行业试点。建立全国总工会协调劳动关系工作协同推进机制，推动建立完善劳动争议多元化解协作联动机制，联合人社、法院、司法等部门构建“调裁诉援”有效衔接工作体系，推进劳动领域多元解纷“一站式”平台建设。截至 2023 年 6 月底，已有 22 个省（区、市）和新疆生产建设兵团的 1863 家工会调解组织入驻人民法院调解平台开展工作，累计接受委派诉前调解纠纷 57.8 万件。

二是加强企事业单位民主管理制度建设。健全以职工代表大会为基本形式的企事业单位民主管理制度，规范集团职代会制度，制定职工代表大会操作指引，推进省级厂务公开协调领导机构建设，加强厂务公开先进单位动态监管，推进政府与同级工会联席会议制度常态化。目前，31 个省（区、市）均已建立省级联席会议制度，市县两级联席会议制度建设迅速推进，21个省（区、市）地市一级全部建制，占比67.7%，12个省（区、市）县区一级全部建制，占比38.7%。推动建立工会的12家头部平台企业中的9家建立职工代表大会制度。推动民主管理立法进程，截至2022年底，已有29个省（区、市）人大通过36部关于民主管理的地方性法规。

三是建立健全落实“五个坚决”要求长效机制。加强维护劳动领域政治安全体系和能力建设，制定落实“五个坚决”要求长效机制的指导意见及10个实施方案，建立工作推进机制，健全工作联动机制，发挥部委协同、地方联动机制和全国总工会平安中国建设协调机制作用，强化劳动关系风险监测、分析、预防和处置，组织开展职工队伍稳定风险隐患排查化解专项工作。推进工会系统平安中国工作体系能力建设。健全完善工会信访治理体系，推进全国工会“12351”职工维权服务热线建设，推进治理重复信访化解信访积案和“蹲点+信访”制度常态化。推树产生两批全国工会联系引导社会组织服务职工优秀项目，推进工会联系引导社会组织为职工提供专业化服务。

22. 五年来工会是如何推动城市困难职工解困脱困的？

五年来，各级工会紧紧围绕全面建成小康社会和打赢脱贫攻坚战的战略目标，把城市困难职工解困脱困工作作为实现职工对美好生活向往的重要任务，作为工会组织履行基本职责的重要举措，组织实施了规模大、力度强、惠及职工面广的解困脱困攻坚战，如期实现了解困脱困目标任务，并不断巩固拓展解困脱困成果。截至 2020 年底，全国 32 个省级总工会全面完成解困脱困目标任务，工会系统建档立卡的 549.9 万户城市困难职工家庭如期实现解困脱困。

一是推动将城市困难职工解困脱困工作融入脱贫攻坚大局和社会救助体系。各级工会主动争取党委领导和政府支持，积极参与政府社会救助联席会议制度，推动建立健全党委领导、政府主导、工会牵头、部门负责、社会参与的工作体制，形成政策引导、项目支撑、结对帮扶、社会保障的强大工作合力，加强工会帮扶工作与社会救助体系衔接，推动城市困难职工群众进入制度保障主渠道，整合运用国家关于扶贫、社保、就业创业、社会救助等政策资源，以及公益慈善、爱心企业、志愿服务、专业机构等社会资源，有效对接困难职工实际需要。各级工会累计筹集帮扶资金 185 亿元，开展专项帮扶 2449 万人次，构建起困难职工帮扶的多重保障线。

二是坚持把精准要求贯穿城市困难职工解困脱困工作各方面全过程。准确把握城市困难职工解困脱困目标任务，制定建档立卡、认定标准、解困脱困标准、家庭状况核查、信息化管理等十个方面标准和流程。针对收入低、患病、失业、子女上学、受灾等五类困难职工群体，按照“进、看、算、议、评、示、核”七步工作法，严格脱困程序，杜绝“假脱困”和“数字脱困”。

三是有效构建帮扶城市困难职工长效机制。全国总工会专门建立重大疾病、事故、意外致困职工专项帮扶制度，完善中央财政专项帮扶资金使用管理办法，建立监测预警机制、预防返困致困帮扶机制。健全解困脱困考核评估制度，委托第三方机构开展工作成效评估。加强与民政部等相关部门的数据比对和信息共享，构建起层次清晰、各有侧重、有机衔接的常态化梯度帮扶长效机制，工会两节送温暖活动筹集资金 218.7 亿元，慰问职工 4250.6 万人次。

23. 五年来工会是如何保障职工劳动就业权益的？

五年来，各级工会坚持以职工为中心的工作导向，认真履行维护职工合法权益、竭诚服务职工群众的基本职责，在促进劳动者充分就业、平等就业、提高劳动者就业质量等方面发挥积极作用，为稳就业保就业贡献工会力量。

一是积极参与制定涉及职工劳动就业权益的相关制度政策。注重源头参与，加强与政府相关职能部门的沟通交流和协同配合，针对相关政策制定提出工会建议，从源头上促进职工劳动就业权益的保障和实现。对国务院办公厅《关于应对新冠肺炎疫情影响强化稳就业举措的实施意见》、《“十四五”就业促进规划》等文件提出修改意见，推动国家协调劳动关系三方四家联合下发《关于做好新型冠状病毒感染肺炎疫情防控期间稳定劳动关系支持企业复工复产的意见》等。

二是深入细致做好职工就业创业服务工作。加大就业帮扶和就业培训力度，顺应数字化发展趋势，搭建全国工会网上就业服务平台“工 E 就业”和“工会就业服务号”，先后开展“助力荆楚·共创未来”对口就业援助活动，京津冀蒙、东北三省、川渝等一系列跨区域专场云招聘活动，形成线上线下共同推进的格局，为广大职工提供常态化就业服务。积极探索“工会就业创业服务公益计划”，广泛联系人力资源机构对接工会就业服务体系，对下岗失业人员、困难职工免费开展就业技能培训，为有创业愿望和创业能力的人员提供创业咨询、创业指导。

三是持续加大对重点群体就业援助力度。针对新就业形态劳动者，开展“工会进万家·新就业形态劳动者温暖行动”招聘月活动；针对农村转移劳动力、大龄低技能人员等群体，以“工会技能培训促就业行动”为主要载体，开展多元化、差异化的就业技能培训；针对转岗待岗职工、困难职工家庭成员等群体，在摸清底数基础上进行一对一就业服务，着力提升服务精准度；针对困难职工家庭高校毕业生，开展“阳光就业暖心行动”，做到助学、实习、培训、就业、帮扶全过程衔接。有效发挥全国工会网上就业服务平台矩阵效能，落实公平就业制度，推动消除就业歧视。

24. 五年来工会是如何保障职工收入分配权益的?

五年来，各级工会不断加大收入分配制度政策源头参与力度，切实加强集体协商机制建设，积极参与最低工资标准调整和实施的监督，参与根治拖欠农民工工资工作，推动完善职工工资决定、合理增长和支付保障机制，着力保障职工收入分配权益。

一是积极参与收入分配相关法律和政策的制定。强化与政府相关职能部门的沟通交流和协同配合，主动参与涉及职工劳动经济权益方面的顶层设计，先后参与《保障农民工工资支付条例》、《技能人才薪酬分配指引》等一系列法规和政策文件的制定。加强调查研究，连续组织各地工会开展最低工资标准调整课题问卷调查，开展最低工资标准调整对劳动者影响的评估，推动完善最低工资标准调整机制。联合六部门印发《关于妥善处置涉疫情劳动关系有关问题的意见》，推动特殊时期工资待遇等稳定劳动关系问题妥善处理。

二是充分发挥集体协商在改善收入分配方面的重要作用。坚持把集体协商作为推动收入分配制度改革的有效抓手，推动完善企业工资指导线、企业薪酬调查、信息发布制度，大力开展行业集体协商合理确定行业最低工资标准，依法推动企业普遍开展工资集体协商完善企业职工工资共决机制，促进提高劳动报酬在初次分配中的比重。总结推广集体协商“一样本两指引”、能级工资集体协商、签订职工技术创新专项集体合同等经验做法，以健全技术工人薪酬激励机制为重点开展集体协商，推进职工技能要素和创新成果参与企业初次分配，实现技高者多得。通过鼓励员工持股等多种方式，将提高劳动要素回报与提高劳动生产率有机结合，更加注重维护按劳分配的主体地位。

三是配合做好根治拖欠农民工工资工作。全国总工会积极参与国务院根治拖欠农民工工资工作领导小组工作，联合人社等部门在全国实施“护薪”行动，参与根治欠薪冬季专项行动，推动解决拖欠农民工工资问题，保障农民工工资支付长效机制落实落地。各地工会将根治欠薪工作作为维权服务的重要内容，结合“两节”送温暖活动，积极配合政府部门针对欠薪问题实施集中专项治理，落实欠薪报告制度，通过加强欠薪隐患排查，畅通工会帮扶中心、法律援助中心和全国工会“12351”职工维权服务热线、信访渠道，帮助落实农民工工资待遇。

25. 五年来工会是如何保障职工社会保障权益的？

五年来，各级工会围绕推动建立更加公平可持续的社会保障制度，积极参与相关法律法规和制度规定的研究制定和推动落实，开展职工互助保障活动，推动构建多层次社会保障体系，切实维护职工权益。

一是不断加大源头参与力度。先后参与中共中央、国务院《关于深化医疗保障制度改革的意见》、《企业职工基本养老保险全国统筹改革方案》、国务院办公厅《关于建立健全职工基本医疗保险门诊共济保障机制的指导意见》、国务院办公厅《关于健全重特大疾病医疗保险和救助制度的意见》、《关于改革完善社会救助制度的意见》、《关于推动生活性服务业补短板上水平提高人民生活品质的若干意见》等文件以及推进渐进式延迟退休等相关政策的研究制定，充分反映广大职工的意愿与呼声，提出工会的意见建议和政策主张，多项意见建议纳入国家法规和政策。

二是推动相关法律法规和政策的贯彻落实。充分发挥工会组织健全的优势，通过参与人大、政协以及政府有关部门的联合检查（督察）组以及社会保险（保障）监督委员会、三方会议、职工（代表）大会、厂务公开等渠道，积极开展有关监督检查工作，重点对社会保险经办机构、用人单位、个人及被保险人实施有效监督，防止各种违法违规行为发生。

三是深入开展职工互助保障活动。高度重视职工互助保障活动在我国社会保障体系中的重要作用，深入开展以医疗互助为主要内容的职工互助保障活动，健全完善以住院医疗、重大疾病、意外伤害为基础内容的产品保障体系，积极开发综合类保障产品，开展多样化的会员健康管理服务，持续推进职工互助保障组织规范化建设，职工互助保障组织监管制度体系基本形成，保障能力水平明显提高。2022 年，全国职工互助保障活动参保人数达 5226 万人次。

26. 五年来工会是如何促进职工劳动安全权益的?

五年来，各级工会深入学习贯彻习近平总书记关于安全生产重要论述，加强安全生产和职业健康工作，深化群众性安全生产活动，切实维护职工生命安全与健康权益。

一是推动完善维护职工劳动安全权益的制度体系。强化源头参与，参与《安全生产法》、《海上交通安全法》等法律法规的修订工作，联合九部门出台《尘肺病防治攻坚行动方案》，制定《关于加强工会劳动保护工作的意见》、《关于工会在生产安全事故调查处理中充分发挥作用的指导意见》等，为维护职工劳动安全权益提供制度保障。

二是不断加强工会劳动保护监督检查。积极参加安全生产考核、巡查、督查和事故调查工作，总结评估工会系统安全生产专项整治三年行动，推动省级工会建立安全生产工作领导机构，参与安全生产大检查和特别重大事故及职业危害事件调查处理等。在岁末年初、两会、国庆等重点时段或者生产安全事故高发频发时及时下发通知，防范和遏制生产安全事故。自 2020 年首次对国务院安委会成员单位进行安全生产考核以来，全国总工会连续两年被评定为“优秀”等次。推动落实高温津贴政策，做好工会防暑降温工作，利用工会户外劳动者服务站点、工会帮扶（服务）中心等服务设施，为职工避暑休息提供便利。

三是深入开展全国“安康杯”竞赛和职业健康知识宣传教育活动。制定印发《关于进一步深化全国“安康杯”竞赛活动的指导意见》和《全国“安康杯”竞赛活动先进集体和优秀个人评选表彰管理办法（试行）》，进一步规范和深化竞赛活动，通过组织《工会法》、《安全生产法》知识竞赛答题及安全健康文化宣传活动等方式，督促生产经营单位落实主体责任，把竞赛活动与“安全生产月”、职业病防治法宣传周活动等结合起来，切实提升竞赛的质量和效果，助力安全生产工作。联合国家卫生健康委共同开展“职业病防治规划督查”、“尘肺病防治工作督办”等专项工作，进一步发挥工会组织在职业病防治中的作用。

27. 五年来工会是如何加强女职工权益维护和关爱服务工作的?

五年来，各级工会积极适应女职工在精神文化、身心健康、平衡工作和家庭等方面的多样化差异化需求，以及新就业形态女性劳动者队伍不断壮大的实际，积极维护女职工合法权益和特殊权益，促进男女平等和女职工全面发展。

一是加强调查研究和源头参与。开展企业用工成本中的性别差异化、《女职工劳动保护特别规定》实施情况等专题调研，通过提案、专报等途径提出工会主张。推动和参与《妇女权益保障法》、《社会保险法》、《人口与计划生育法》等法律法规政策的制定修订，推动女职工权益保护法律法规政策健全完善。联合人社等相关部门加强专项执法检查，推动女职工权益保护法律法规贯彻落实。

二是积极促进工作场所性别平等。连续开展“情系女职工 法在你身边”女职工普法宣传活动，编写出版《促进工作场所性别平等指导手册》、《消除工作场所性骚扰指导手册》等普法图书，各级工会女职工组织广泛开展普法课堂、专题宣讲、案例发布、法律咨询等活动，通过宣传培训、总结推广典型案例等方式，推动用人单位建立健全工作场所性别平等制度机制，切实贯彻落实法律法规规定。

三是深化女职工权益保护专项集体合同工作。积极推动将女职工专项集体合同工作纳入集体合同整体工作同规划、同部署、同考核，推动已建工会女职工组织和已签订集体合同的企业签订女职工专项合同，探索适应不同行业区域、不同规模、不同所有制企业女职工专项合同运作模式。推动用人单位将就业机会平等、职业发展机会平等、薪酬待遇平等、生育保护、帮助职工平衡工作和家庭责任、预防和制止工作场所性骚扰等内容纳入集体合同和女职工权益保护专项集体合同。

四是深入实施“女职工关爱行动”。发起设立“关爱女职工专项基金”，推进困难企业女职工、新就业形态女性劳动者“两癌”筛查。推动女职工休息哺乳室建设，做好“会聚良缘”工会婚恋服务等工作，积极推动托管托育服务工作。推动各地通过建立心灵驿站、开展心理健康讲座、搭建心理健康网上平台等方式，加强女职工心理疏导和人文关怀。

28. 五年来工会是如何推进新就业形态劳动者建会入会、维护新就业形态劳动者合法权益的?

五年来，各级工会认真贯彻落实习近平总书记关于做好关心关爱新就业形态劳动者群体工作的重要指示精神，积极推进新就业形态劳动者建会入会，大力加强新就业形态劳动者权益保障。

一是推动健全落实新就业形态劳动者权益维护相关制度政策。积极参与相关部委完善政策体系和制度机制工作，联合印发《关于维护新就业形态劳动者劳动保障权益的指导意见》等指导性文件，制定出台《关于切实维护新就业形态劳动者劳动保障权益的意见》、《关于推进新就业形态劳动者入会工作的若干意见（试行）》、《关于深入推进“兜底建”工作的指导意见》等，为建立健全新就业形态劳动者权益保障机制，为推动新就业形态劳动者群体建会入会工作提供基本遵循和政策指引。

二是完善新就业形态劳动者权益协商协调机制。以新就业形态劳动者集中的快递、外卖等行业为重点，制定推进新就业形态劳动者权益协商协调机制建设的指导性文件，推动饿了么、美团、滴滴等头部平台企业加强协商机制建设，围绕算法取中、平台抽成、配送单价、薪酬结构、劳动保护等开展集体协商，推动平台企业合法规范用工、科学调整算法、完善劳动定额标准，探索多领域多行业、头部平台企业建立协商协调机制。

三是扎实开展新就业形态劳动者建会入会工作。推行“重点建、行业建、兜底建”模式，开展新就业形态劳动者入会集中行动、百人以上企业建会专项行动和社会组织建会专项行动，实现全国互联网百强企业全部建会，2021 年至 2023 年上半年新增新就业形态劳动者会员 1227 万人。制定《深入推进新就业形态劳动者工会工作三年行动计划（2023—2025 年）》，明确未来 3 年新发展新就业形态劳动者工会会员 1000 万人的目标任务。

四是切实维护新就业形态劳动者劳动保障权益。联合开展新就业形态劳动者权益保障专项行动。积极配合政府部门开展新就业形态就业人员职业伤害保障试点工作。通过工会系统赴基层蹲点活动，推动解决了一批新就业形态劳动者的急难愁盼问题。组织开展“工会伴您益路同行”关爱货车司机行动等温暖关爱新就业形态劳动者系列活动。2021 年以来，组织开展“新就业形态劳动者温暖行动”活动，共筹集资金 7.65 亿元，慰问劳动者 712.27 万人次。

29. 新冠疫情期间，工会是如何服务统筹疫情防控和经济社会发展的？

各级工会深入贯彻落实习近平总书记和党中央关于疫情防控的决策部署，积极主动配合党委、政府做好新冠疫情防控工作，坚持人民至上、生命至上，认真履行维权服务基本职责，切实帮助广大职工特别是生活遇到困难的职工解决实际问题，推动构建和谐劳动关系，为维护企业和社会大局和谐稳定贡献了工会力量。

一是及时制定出台政策措施。贯彻党中央关于“疫情要防住、经济要稳住、发展要安全”的部署要求，有力应对疫情对劳动关系和职工队伍的冲击，推出一系列强信心、抗疫情、促发展、维权益、保稳定的政策举措。印发《关于做好新型冠状病毒感染肺炎疫情防控期间稳定劳动关系支持企业复工复产的意见》、《关于在做好“六稳”工作落实“六保”任务中充分发挥工会组织作用的意见》、《关于应对疫情影响进一步做好集体协商工作的通知》、《关于加强新型冠状病毒感染肺炎防控工作专项资金使用管理的通知》，出台关于做好常态化疫情防控形势下促进企业发展维护职工权益工作、常态化送温暖和帮扶工作等文件，推出支持受疫情影响严重的行业和小微企业发展等 20 条举措。

二是加大对职工的关心关爱力度。筹集资金 77.5 亿元，帮扶慰问职工 2289.5 万人次，支持地方疫情防控工作。2022 年全国总工会紧急下拨补助资金 6900 万元，用于支持上海等地疫情防控和帮扶遇困货车司机等群体，以及灾难事故救援慰问等工作。各地工会设立疫情防控专项资金，积极组织医护人员疗休养活动，助推企业安全有序复工复产。充分发挥户外劳动者服务站点、工会帮扶（服务）中心等服务阵地作用，为奋战在抗疫一线的职工提供及时高效服务，组织动员广大职工群众积极投身疫情防控和经济社会发展主战场。

三是支持小微企业工会工作。落实“六稳”、“六保”任务，积极响应党中央、国务院关于减税降费的号召，出台小微企业工会经费全额返还政策，要求县级以上工会加强部门协作，简化返还手续，做到应返尽返；完善信息化技术手段运用，尽量做到主动返、及时返，助力复工复产。

30. 五年来工会是如何推进企业单位民主管理的?

坚持把推进企业民主管理建制扩面作为抓基层、打基础的重要工作常抓不懈，着力加强领导、健全机制、完善体系，保障职工知情权、参与权、表达权、监督权，巩固以职工代表大会为基本形式，以厂务公开制度、职工董事制度、职工监事制度为主要形式，以职工民主管理委员会、民主议事会、劳资恳谈会、民主协商会等为补充形式的企事业单位民主管理制度体系。

一是扩大企业民主管理制度覆盖面。制定《2019—2023年全国企业民主管理工作五年规划》，统筹推进各项工作。印发《中华全国总工会关于深入推进非公有制企业民主管理工作的意见》。将各地企事业单位民主管理建制情况作为全国厂务公开民主管理先进表彰名额分配的重要依据，作为推荐评选全国推动厂务公开民主管理工作先进单位的重要条件，推动各地加大工作力度，最大限度实现企业民主管理制度有效覆盖。

二是提升企业民主管理工作质量。指导各地大力开展创建厂务公开民主管理示范单位活动，推进企业民主管理制度化、规范化、法治化建设。组织开展全国厂务公开民主管理先进表彰活动，以点带面整体推动企业民主管理制度化建设、规范化运行。召开座谈会、现场会等，总结交流推进职代会规范化建设的经验做法，研究不断深化和发展企事业单位民主管理工作的思路举措。制定下发《职工代表大会操作指引》，完善职代会运作机制。全国厂务公开协调小组制定《2019—2023年职工代表培训规划》，建立全国职工代表培训师资库，初步建立起一支民主管理培训的师资队伍。

三是积极推动民主管理与企业管理深度融合。根据《国企改革三年行动方案（2020—2022年）》和《国有企业公司章程制定管理办法》要求，将职代会等民主管理制度作为加强国有企业党的领导和完善现代企业制度的重要内容，写入公司章程，纳入党建巡视考核内容。印发《中华全国总工会关于推行企业集团职工代表大会制度的意见》，充分发挥职工代表参政议政作用，推动以职代会制度为基本形式的民主管理融入公司治理。制定《中华全国总工会关于加强公司制企业职工董事制度、职工监事制度建设的意见》，推动职工董事制度职工监事制度的规范运作，实现职工代表源头参与企业决策管理。

四是推动协商民主广泛、多层、制度化发展。各级工会系统人大代表和政协委员通过提案、书面意见等，及时向党和政府反映职工意愿和呼声。推动政府与同级工会联席会议制度常态化，完善产业工会与相关部委、产业局（行业协会或联合会）工作联系互动机制，进一步畅通民意表达渠道。全国均已建立省级联席会议制度，并逐渐向市、县延伸。

31. 五年来工会是如何推进工会工作法治化的?

大力推进工会工作法治化，是贯彻全面依法治国战略部署的必然要求。五年来，各级工会不断增强法治意识，提高运用法治思维和法治方式开展工作的能力，把工会各项工作纳入法治化轨道，不断提高工会工作科学化法治化水平。

一是积极参与立法。推动并配合修改《工会法》。先后参与《公司法》、《企业破产法》、《法律援助法》、《妇女权益保障法》、《职业病防治法》、《职业教育法》等重要法律法规的制定修改。全程参与《保障农民工工资支付保障条例》的起草制定。2019 年以来，全国总工会先后参与 92 部法律法规规章的制定修改。启动《劳动法典》编纂前期研究。

二是扎实开展普法活动。完成工会“七五”普法总结验收，制定下发工会“八五”普法规划。2020 年、2022 年组织开展全国工会“尊法守法 · 携手筑梦”动漫微视频征集展播活动。与司法部、人社部、全国普法办联合开展“尊法守法 · 携手筑梦”服务农民工法治宣传行动，221 万余名职工参与法律知识网上答题，闯关人次达到 1635. 3 万。

三是加强工会劳动法律监督。参加全国人大2019年《就业促进法》、2021年《企业破产法》实施情况执法检查。修订《工会劳动法律监督办法》。开展全国工会劳动法律监督优秀案例推选。

四是深入开展劳动争议调处和工会法律援助服务。2019年，会同最高人民法院开展“法院+工会”劳动争议多元化解试点，并于2021年联合下发通知，明确建立“总对总”在线诉调对接机制。积极参与《法律援助法》制定，推动在立法层面首次明确法律援助是工会等群团组织的法定职责。2022年，人社部、中央政法委、全国总工会等九部门印发《关于进一步加强劳动人事争议协商调解工作的意见》。联合司法部、全国律协开展第六、七、八届“全国维护职工权益杰出律师”评选表彰。

32. 工会是如何推进“转作风、解难题、促发展、保稳定”专项行动的?

为迎接党的二十大胜利召开、学习宣传贯彻党的二十大精神，在党和国家工作大局中充分发挥工会组织作用，全国总工会决定，从2022年6月下旬至12月底，在工会系统集中开展“转作风、解难题、促发展、保稳定”专项行动（以下简称“专项行动”）。

一是领导高度重视，摆上重要位置。全国总工会紧紧围绕迎接和学习宣传贯彻党的二十大这一主线，制定方案、印发通知，广泛深入动员，并明确专项行动在全国总工会深化工会改革创新领导小组领导下开展，切实加强对专项行动的组织领导。在2022年6月召开的全国总工会十七届六次执委会议上，再次对开展专项行动作出部署。各地工会落实全国总工会部署要求，成立领导小组，印发实施方案，结合年度工作计划和当前重点工作精心组织实施，努力推动专项行动落实落地。

二是加强协调联动，形成整体合力。坚持全国工会一盘棋思想，形成上下联动、左右协调的工作体系，支持鼓励各级工会从实际情况出发，结合各自亮点工作，创新载体、丰富内容，以专项行动促进工会工作高质量发展，增强工会组织吸引力凝聚力战斗力。坚持重点工作一体化推进，形成专项行动引领、重点工作齐头并进的工作格局，指导督促各级工会坚持开展专项行动与推进现有工作深度融合，把专项行动与各级工会年度工作计划结合起来，与做好深化产业工人队伍建设改革、维护新就业形态劳动者合法权益、深化工会改革创新等工会重点工作贯通起来，把工作成效体现到思想引领、建会入会、维权服务等工作水平提升上来。领导小组办公室认真做好统筹协调、督查督办、经验总结、信息报送、情况报告等工作，确保专项行动顺利推进、深入开展。

三是广泛宣传引导，营造浓厚氛围。专项行动启动伊始，全国总工会精心筹划，积极协调中央广播电视总台、新华社、《光明日报》等中央主流媒体第一时间刊（播）发全总启动专项行动的新闻报道，在《工人日报》刊发全国总工会主要负责同志就集中开展专项行动答记者问、新闻稿等，迅速形成舆论声势、扩大社会影响。专项行动推进过程中，全国总工会通过及时编发信息简报、总结经验做法等反映进展情况、宣介典型经验。在全国总工会统一部署和示范带动下，各级工会充分借助工会内外报刊、网站、“三微一端”等平台，及时总结宣传专项行动的进展情况以及推进过程中创造的好经验好做法，营造良好舆论氛围，有力扩大了专项行动影响力带动力。

33. 工会是如何推进“县级工会加强年”专项工作的?

县级工会是工会发挥桥梁纽带作用的“桥头堡”，是工会抓基层打基础的“一线工作部”。为深化工会改革和建设、加强县级工会工作，全国总工会开展了“县级工会加强年”专项工作（以下简称“专项工作”）。

一是强化统筹协同，凝聚工作合力。建立纵向跨层级的统筹平台。建立对口联系机制，全国总工会、省级工会、地市级工会实现对全国2800多个县级工会对口联系指导全覆盖，全国总工会搭建与省级工会专项工作专班的沟通平台，各省级工会搭建省、市、县三级联络平台，落实研讨交流、通报报告制度，有力推动工作开展。建立专项工作与其他重点工作协调联动机制，充分盘活工会系统资源，有效整合各级工会力量，共同推进工作落实。

二是明确目标要求，细化责任分工。全国总工会聚焦县级工会职能作用，针对县级工会普遍存在的突出问题，提出“政治引领强、组织功能强、服务阵地强、制度机制强、作用发挥强”的“五强”目标要求，要求完成对口联系、调查研究、解决问题、巩固深化四项任务，为专项工作明确总体框架。31个省（区、市）和新疆生产建设兵团总工会、300多个地市级工会均成立专项工作领导小组和工作专班，紧扣“五强”目标，密切结合实际，细化具体任务，明确责任分工。

三是坚持问题导向，采取务实举措。全国总工会和各级地方工会深入县级工会，围绕工会重点工作开展调查研究，全面排查问题，逐项列出清单，提出务实举措。全国总工会针对部分对口联系县级工会基础较为薄弱问题，安排专项预算用于工会干部培训、技术工人休疗养等方面支出。各省市级工会积极争取当地党委和政府重视支持，不断强化工作力量和支持保障。上级工会区别不同情况，采取不同措施加强指导，建立创先争优机制，激发县级工会创新动力。县级工会积极发挥主体作用，突出重点、强化优势，争创特色工作品牌。

四是注重宣传引导，推动交流互鉴。全国总工会收集整理各省加强县级工会建设的相关制度文件，推出县级工会工作典型案例。各级工会在官网、微信公众号开设专项工作专栏，编发专项工作简报，推广经验做法。

34. 五年来工会是如何加强财务管理的？

各级工会紧紧围绕工会工作大局，坚持工会经费正确使用方向，深化财务工作改革创新，建立健全制度体系，规范强化工会经费收缴管理，不断加大财务监督力度，全面加强财务干部队伍建设，各项工会财务工作持续有力推进，为工会工作全局提供了优良服务和财力保障。

一是加强工会财务管理制度建设。修订《工会预算管理办法》，制定《工会决算报告制度》等，建立起从预算到决算的全流程管理体系。配合有关部门出台《工会送温暖资金使用管理办法（试行）》、《全国劳模专项补助资金发放管理办法》等，规范专项资金使用管理。印发《关于对下补助实行项目补助管理的通知》和《全总机关厉行节约反对浪费实施办法》等文件，提高经费使用效能。制定《关于实施小微企业工会经费支持政策的通知》、《关于加强新型冠状病毒感染肺炎防控工作专项资金使用管理的通知》，为工会经费更好地服务大局、服务职工提供制度保障。

二是完善工会经费收缴机制。积极与国家税务总局保持沟通协调，通过政府联席会议等方式，巩固税务代收工会经费工作机制。进一步提高财政划拨工会经费覆盖面，巩固财政划拨工会经费工作机制。严格落实按比例全额收缴工会经费改革措施，巩固自主收缴、统筹收入等工作机制。理顺全国总工会与各在京中央企业工会的财务管理体制。制定下发《关于规范建会筹备金收缴管理的通知》，进一步规范建会筹备金收缴管理。

三是加强工会经费预算管理。强化全面预算与预算绩效管理意识，指导各级工会逐步建立全方位、全过程、全覆盖的预算绩效管理体系。改革省级工会预算审批办法，将省本级预算审批权下放，实行备案管理。优化经费支出结构，优先重点工作资金保障，加大经费向基层倾斜力度。深入推进预算执行和决算管理，开发建设工会预决算汇总平台，加强全国工会总决算汇总报告，为制定各项政策提供决策参考。

四是加强工会财务监督检查。印发《工会财务监督暂行办法》、《关于进一步加强工会资金存放管理的指导意见》等文件，按照“统一领导、分级管理”的原则，督促指导各级工会落实财务监督责任和风险防控等要求。逐步建立财务监督与巡视审计相统一的长效机制。研究制定《全总机关内部控制领导小组工作规则》等文件，规范经济活动行为。加强账户资金规范管理，督促指导省级工会完善账户和资金存放管理办法，降低管理风险。

五是推进工会财务信息化建设。优化完善预算管理信息系统、决算汇总平台，实现预决算网络填报、实时上报和汇总。新建在京中央企业工会经费收缴管理信息系统，加快推进全国总工会本级财务核算信息系统集成工作和省级工会信息化建设。加大财务知识和信息化、数字化知识学习力度，提高财务管理干部队伍素质。

35. 五年来工会是如何加强资产监督管理的?

各级工会认真履行建好管好用好工会资产的政治责任，突出工会资产公益性服务性职能，着眼工会资产工作高质量发展目标，扎实做好工会资产监督管理各项工作，有效发挥服务基层、服务职工的重要作用。

一是加强工会资产公益性服务性建设。出台《关于深入推进工人文化宫、工人疗休养院清理整改工作的意见》，落实会议、报表和简报通报制度，实现清理整改工作应清尽清、应改尽改。研究制定《关于推动工会资产实现高质量发展的指导意见》，聚焦工人文化宫、工人疗休养院、职工互助保障组织等服务职工主阵地，多次召开座谈会和推进会，总结经验，提高建设管理水平。制定出台《全国标准化工人文化宫指导标准（试行）》、《职工互助保障组织监督管理办法》等文件，推动职工服务阵地实现高质量发展。

二是发挥工会资产服务职工群众的重要作用。推动先进技术工人疗休养活动、职工医疗互助保障纳入国家公共服务体系建设范畴。推动工人文化宫纳入当地公共文化服务体系，工人疗休养院融入健康中国发展战略，逐步形成劳模疗休养基地、职工健康管理中心、职工医疗康复定点机构三大品牌，实现职工互助保障活动在全国31个省（区、市）全覆盖。依托工会资产积极投身新冠疫情防控和服务保障工作，得到广泛好评。

三是增强工会资产运营的生机与活力。研究制定《关于工会系统经营类事业单位改革的指导意见》、《关于进一步做好工人文化宫工人疗休养院阵地管理相关工作的通知》，积极稳妥做好事业单位分类改革、生产经营类事业单位转企改制工作。起草关于保留工人疗休养院的请示，并报中央领导同志，多次与改革牵头部门沟通对接，完成五家工人疗休养院改革方案批复工作。研究制定《关于坚持公益性服务性方向 推进职工服务阵地社会化市场化运作的意见》，召开全国职工服务阵地“两性两化”运作推进会，强化工会资产服务职工功能。

四是推进工会资产基础管理工作。研究出台16项基本工作制度和规范性文件，加强制度落实情况的监督检查。下力抓好工会资产产权登记工作，紧盯重大工会资产处置事项，防止工会资产流失。制定出台《关于进一步加强工会企事业经营业绩考核的意见（试行）》，推动工会资产高质量发展。印发《全总本级企事业单位综合考核办法（试行）》和《实施细则》，推动经常性监督检查落实落地。认真开展全国总工会本级企事业单位解决产权、经营、投资等专项工作，扎实推进解决全国总工会本级基建项目历史遗留问题，多个项目取得重大进展。

36. 五年来工会是如何加强经费审查审计监督的？

各级工会着力构建工会常态化经审监督体系，扎实推进审查审计全覆盖，培养造就高素质专业化工会经审干部队伍，依法全面履行审查审计监督职责，推动新时代工会经审工作高质量发展。

一是完善工会经审组织体系和制度体系。建立经审会向同级工会党组织报告经审工作机制，坚持把党的领导落实到工会经审工作全过程，初步形成以国家审计为指导、以工会经审组织为主体、以社会审计为补充、以职工会员监督为基础的工会常态化经审监督体系。基层工会形成自上而下的工会经审监督组织体系。修订出台《工会建设项目审计办法》，推动工会建设项目审计向投资审计转型。制定《帮扶资金、送温暖资金专项审计实务指南》、《劳模待遇与劳模资金专项审计实务指南》，建立健全审前调研、审计任务清单等审计工作机制。修订印发《中国工会审计条例》，为工会经审组织依法全面履职提供坚实的制度保障。

二是突出抓好审查审计监督。持续深化工会预决算审查审计工作，推动审查监督重点向支出预算和政策拓展，完善以审计为基础的预决算审查制度。深化全国总工会本级预算执行情况审计，对经费收支预算调整方案进行预审。对货币资金存放管理、小微企业工会经费返还等情况开展跟踪审计，及时发现解决政策执行中的各类问题。加快推进审计监督转型升级，构建以防范化解风险隐患、完善内部控制、提高资金使用效益为重点的新时代工会经审体系。深化工会企事业领导人员经济责任审计，推动工会企事业单位财务收支审计全面向任中经济责任审计转型。加大在京中央企业工会审计监督力度，推动央企工会依法建会、规范管理，提高工会经费使用效益。坚持把“揭示问题、提示风险、促进改进工作”作为工会经审工作的出发点和落脚点，推动工会政策措施落地见效。

三是加强工会经审组织自身建设。牢固树立全国工会经审工作“一盘棋”意识。推动工会经审工作组织方式改革创新，加强审计项目和审计组织方式“两统筹”，统筹开展政策跟踪审计、预算执行审计等工作；统筹各层级审计资源，采取交叉审计、延伸审计、专项审计等多种组织方式加大对财政专项资金、工会专项资金的审计监督力度。修订下发省级工会经费审查工作规范化建设考核办法和标准，优化优秀审计项目评选标准，开展工会优秀审计项目评选。制定《全国工会经审干部2019—2023年教育培训规划》，每年举办全国工会经审干部培训班和审计专业人员研修班；修订《工会经审工作概论》培训基础教材，编印《工会经审工作》信息，加强政策研究和业务交流。

37. 工会是如何常态化开展机关干部赴基层蹲点工作的？

选派工会领导机关干部赴基层蹲点，是党中央对工会组织提出的明确要求。各级工会坚持以习近平新时代中国特色社会主义思想为指导，把赴基层蹲点工作作为了解基层实情、打牢基层基础、密切与职工联系、引导职工听党话跟党走的重要举措，周密安排、加强保障、强力推进，蹲点干部深入一线察实情、办实事、解难题，有力推动赴基层蹲点工作常态化、长效化、制度化。

一是提高政治站位。全总党组、书记处统筹部署、狠抓落实，2021年启动了蹲点活动，在第一批蹲点活动结束后，总结蹲点经验，制定了《关于建立健全工会领导机关干部赴基层蹲点工作长效机制的意见》，2023年下半年全总机关首次派出干部赴平台企业蹲点。落实“蹲点组+机关职能部门和产业工会”

的工作模式，加强对蹲点工作的考核评价，确保蹲点工作高水平、高质量、高成效。地方工会主要领导对蹲点工作提出明确要求，亲自部署并带队深入一线调研指导，带动工会机关干部踊跃参加。

二是突出工作重点。各级工会坚持问题导向、目标导向、结果导向，将职工思想政治引领、产业工人队伍建设改革、新就业形态劳动者建会入会、构建和谐劳动关系和维护劳动领域政治安全等重点工作纳入蹲点任务范畴，紧密结合蹲点单位实际，有的放矢，解决了一批重点难点问题。特别是在新就业形态劳动者建会入会和维权服务方面，选派得力人员赴平台企业蹲点，坚持上下联动、形成合力，取得了积极进展。截至 2023 年 9 月，全国各级工会机关已累计组成蹲点工作组 1.5 万余个，派出蹲点干部 4.5 万余人。

三是强化机制保障。建立党建引领机制。各级工会蹲点工作组普遍建立临时党支部，将蹲点活动与理论宣讲同步、与学习教育同步、与党建工作同步，确保正确政治方向。建立工作保障机制。全国总工会专门成立工作小组，加强组织领导，提供政策支持、业务咨询和服务；定期召开蹲点调度会，交流进展，解决问题。建立协调推进机制。建立健全与职工群众、当地党委、政府和工会之间的协调机制，实现全国总工会与省、市、县三级工会蹲点活动有效衔接、协调联动、互为补充。

四是促进成果转化。各级工会蹲点工作组坚持调研问路、“解剖麻雀”，问计于基层、问需于职工，深入走访机关、企事业单位，深度访谈基层工会干部和职工群众，了解基层一线的情况问题，摸底数、查实情，听诉求、找症结，理清工作思路，形成一批有分量的调研报告，并跟进加强制度建设，保障蹲点成果及时有效转化、长期发挥作用，真正推进工会工作高质量发展。

38. 五年来工会是如何全面加强党的建设，努力建设模范机关的？

各级工会认真落实新时代党的建设总要求，落实全面从严治党主体责任，坚持以党的政治建设为统领，全面推进党的政治建设、思想建设、组织建设、作风建设、纪律建设，坚定不移推动机关党建高质量发展，为新时代工运事业和工会工作高质量发展提供坚强保障。

一是突出加强政治建设。认真贯彻《中共中央政治局关于加强和维护党中央集中统一领导的若干规定》，制定实施《关于进一步推动习近平总书记重要指示批示精神和党中央重大决策部署在工会系统贯彻落实的工作制度》，引导党员同志走好践行“两个维护”的第一方阵。强化政治机关意识教育，深入开展模范政治机关创建工作，全国总工会组织部被表彰为中央和国家机关创建模范机关先进单位。充分发挥机关党建引领保障作用，积极参与疫情防控，助力脱贫攻坚和乡村振兴，服务于党和国家工作大局。

二是持续深化理论武装。深入学习贯彻党的二十大精神，原原本本学习报告和党章，组织宣讲和座谈会，开展“学习二十大 奋进新征程”云党课直播活动。深入开展学习贯彻习近平新时代中国特色社会主义思想主题教育。制定出台机关青年理论学习小组管理办法，广泛开展“关键小事”调研攻关、“读写编讲行”试点等活动，夯实青年理论基础。推动《习近平关于工人阶级和工会工作论述摘编》（以下简称《摘编》）在全国公开出版，组织召开学习宣传贯彻《摘编》座谈会等。

三是着力建强基层组织。科学设置基层党组织，实施基层党组织建设质量提升三年行动计划，树立大抓基层的鲜明导向。按照“四强”党支部要求，加强党支部标准化规范化建设，建成全国总工会党建园地，拓宽全国总工会机关党建活动平台。制定实施《全国总工会党组加强全国总工会直属企事业单位党的领导 推进工会企事业高质量发展的意见》。严格落实“三会一课”、民主生活会等制度，提高党内政治生活质量。加大对生活困难党员和扶贫挂职、基层蹲点党员的关怀帮扶力度。

四是下力正风肃纪反腐。构建完善作风建设常态化长效化工作机制，紧盯公车使用等重点环节和节假日等重点时节，与派驻纪检监察组联合开展专项监督检查。着力整治会风文风，开展会风会纪集中整顿行动，健全为基层减负常态化机制。认真落实基层联系点等制度。持续开展制止餐饮浪费行为的监督检查。深入开展纪律教育和警示教育，坚持党风党纪一起抓，督促有关党组织做好纪律审查后续整改落实工作。加强对干部的全方位管理和经常性监督，建立完善全国总工会机关处级及以下党员干部廉政档案，真正把日常监督落到实处。

五是压实管党治党责任。党组同志认真履行“一岗双责”，建立抓分管范围内的党建工作档案。全总机关党委认真履行专责机构职责，扎实抓好统筹推动、督促落实。全国总工会机关各级党组织坚决扛起主体责任，推行党建与业务工作融合发展。对标对表党内法规最新要求，及时健全党建实绩考核、理论学习、评比表彰、自身建设等制度机制。建立全总党组同志评价、各部门单位互评、本部门单位自评、机关党委评价的党建考核评议机制，督促切实履行主体责任。

39. 五年来工会港澳台工作取得了哪些成绩?

各级工会在以习近平同志为核心的党中央坚强领导下，认真贯彻落实党中央对港澳台工作的决策部署，紧紧围绕党和国家大局和工会重点工作，充分发挥工会组织群众性的特点，为扎实推进“一国两制”实践和祖国统一大业做了大量富有成效的工作。

一是深化港澳工会交流合作，助力“一国两制”行稳致远。大力支持爱国爱港爱澳工会团体，团结动员广大港澳工会干部和职工群众坚决反对“港独”等分裂祖国、破坏“一国两制”实践的行径。举办港澳工会“五一”代表团、港澳工会青年研讨营等品牌活动，积极开展内地与港澳职工职业技能竞赛和文体交流活动，不断加深同港澳工会的深厚情意。加强粤港澳三地工会协调合作，围绕粤港澳大湾区建立职工服务体系，支持港澳工会依法开展内地服务工作。

二是密切两岸职工友好往来，推动两岸关系和平发展。积极宣传习近平新时代中国特色社会主义思想，开展国情教育、两岸工会专题研讨交流，加深与台湾工会和职工的交流交往交融。不断加强制度建设，出台指导性文件规范工会对台交流高质量发展。积极开展两岸职工技能交流、文体交流活动，密切两岸产业工会、基层优秀职工往来，充分发挥“海峡两岸工会论坛”、“海峡职工论坛”等品牌活动的平台作用。

三是维护港澳台职工的利益，促进其融入国家发展大局。不断落实和探索港澳台职工同等待遇的制度安排和政策措施，探索推动将在内地（大陆）工作的港澳台职工纳入当地劳模等荣誉称号评选范围，引导港澳台职工融入祖国发展。深入了解港澳台职工关切，帮助解决急难愁盼问题。

40. 五年来工会外事工作取得了哪些成绩?

各级工会紧紧围绕党和国家外交战略布局，科学研判国际工运形势，及时调整工作思路、创新工作方式方法，充分发挥工会民间外交优势，积极开展劳动领域线上线下交流活动，夯实工会对外交流民间基础，中国工会的国际地位和影响力得到进一步提升。

一是不断加强工会双边交流。面向国际劳工界广泛宣传党的十九大、党的二十大以及历次中央全会精神，举办多期区域、次区域工会工作专题研讨会、培训班，组织发展中国家工会领导人和中青年骨干近千人次参加研讨和培训，加强对发展中国家工会领导人的能力建设。

二是积极参与工会多边交流。成功举办第十一届金砖国家工会论坛、“中国共产党领导下的中国工运事业发展”多边视频交流会，派员视频出席国际劳工大会、国际劳工组织理事会会议等，积极参加二十国集团、亚太经合组织和国际劳工组织等多边合作机制下的工会国际和区域重要会议，针对国际劳工组织未来发展战略、标准审议、预算草案等议题，积极阐述我方立场。在《国际劳工组织关于劳动世界的未来百年宣言》、《全球行动倡议》等重要成果文件讨论中提出中国方案、贡献中国智慧。中国工会代表连续四次成功当选国际劳工组织理事会工人组正理事，进一步巩固了中国工会在国际劳工组织理事会中的地位。

三是促进工会抗疫国际合作。积极参加国际劳工组织、各国际及区域性工会组织关于新冠疫情对劳动世界的影响与工会作用视频会议，与二十余国国家政府和工会代表开展线上交流，大力宣传我国抗疫政策和工会组织动员职工推动复工复产的经验成绩。积极回应友好工会组织的防疫物资援助请求，有力驳斥国外关于疫情政治化、污名化的错误言论，澄清事实真相，表明中国工会立场。

四是扎实推进工会“一带一路”品牌项目建设。持续关注“一带一路”中资企业工会组建、职工权益保障和队伍建设情况，积极参与相关会议，推动相关工作意见出台，组织开展职工线上交流，助力“一带一路”建设。继续开展“一带一路”沿线国家工会干部汉语研修奖学金项目，积极筹备上合组织国家工匠研修学堂的各项工作。配合做好中巴经济走廊数据库建设、中巴职工交流合作备忘录落实等相关工作，加强与“一带一路”沿线国家工会的互访交流。

41. 如何理解党的中心任务就是中国工人运动和工会工作的主题和方向?

党的二十大郑重宣示“从现在起，中国共产党的中心任务就是团结带领全国各族人民全面建成社会主义现代化强国、实现第二个百年奋斗目标，以中国式现代化全面推进中华民族伟大复兴”，吹响了奋进新征程的时代号角，也赋予了新时代新征程中国工人运动和工会工作鲜明的主题和方向。

这一主题方向是伟大思想指引伟大征程的时代要求。习近平总书记深刻指出，“党和人民事业能不能沿着正确方向前进，取决于我们能否准确认识和把握社会主要矛盾、确定中心任务”。回顾党的奋斗历程，我们党历来善于抓住社会主要矛盾和中心任务带动全局工作，历来善于在马克思主义指导下，根据形势和任务的发展变化，明确不同时期的中心任务。进入新时代，以习近平同志为核心的党中央以党的创新理论为指导，统筹中华民族伟大复兴战略全局和世界百年未有之大变局，准确把握社会主要矛盾变化，在党的二十大上确定新时代新征程党的中心任务，展现了经过百年淬炼的中国共产党人在新的历史条件下的使命担当和历史主动，提供了党和人民进行新的团结奋斗的定盘星和指南针。

这一主题方向是工会围绕中心服务大局的时代要求。工会工作与党领导的伟大事业紧密相连，中国工人阶级和工会在不同历史时期，始终具有以党的旗帜为旗帜、以党的意志为意志、以党的使命为使命的光荣传统。新民主主义革命时期，工会按照党的工运策略，提高工人阶级的政治觉悟，动员工人群众开展各种形式的斗争，为实现民族独立、人民解放而奋斗。社会主义革命和建设时期，工会动员广大职工按照党的总路线、总任务，参与企业管理等，为建立和巩固人民当家作主的新政权、建立起独立的比较完整的工业体系和国民经济体系积极发挥作用。改革开放和社会主义现代化建设新时期，工会响应党的号召，积极适应社会主义市场经济下劳动关系和职工队伍状况的变化，团结广大职工在党和国家工作大局中发挥了不可替代的作用。新时代新征程，工会必须把党的中心任务作为中国工人运动和工会工作的主题和方向，把引导职工群众听党话跟党走、巩固党执政的阶级基础和群众基础作为政治责任，切实维护职工群众合法权益，竭诚为职工群众服务，不断焕发工会组织的生机活力，为实现强国建设、民族复兴宏伟目标贡献智慧和力量。

42. 如何理解坚持党对工运事业和工会工作的领导？

中国特色社会主义最本质特征是中国共产党领导，中国特色社会主义制度的最大优势是中国共产党领导，党是最高政治领导力量。坚持自觉接受党的领导是做好工会工作的根本政治原则和根本政治保证。

坚持党的领导，是工会的优良传统。我国工运事业是在党的领导下发展起来的，是党的事业的重要组成部分，无论时代如何变迁发展，始终同党的事业紧密相连，团结动员广大职工群众围绕不同历史时期确立的中心任务团结奋斗，形成了自觉接受党的领导的光荣传统。

坚持党的领导，是工会的工作准则和具体要求。我国《宪法》、《中国共产党章程》、《工会法》和《中国工会章程》等都明确规定，中国工会自觉接受党的领导。工会所有工作最终都要体现到引导职工群众自觉坚持党的领导和我国社会主义制度上来，体现到团结引导职工群众听党话、跟党走上来，通过扎实有效的工作让党的领导具体而深入地落实到职工群众中去。

坚持党的领导，要旗帜鲜明讲政治。坚定维护党中央权威和集中统一领导，始终以党的旗帜为旗帜、以党的方向为方向、以党的意志为意志，深刻领悟“两个确立”的决定性意义，增强“四个意识”、坚定“四个自信”、做到“两个维护”，始终在思想上政治上行动上同以习近平同志为核心的党中央保持高度一致，确保工会工作的正确方向。

坚持党的领导，要坚持不懈用习近平新时代中国特色社会主义思想凝心铸魂。把学习贯彻习近平新时代中国特色社会主义思想作为首要任务，全面系统掌握这一重要思想的基本观点、科学体系，准确把握“两个结合”的重要内涵、牢牢把握“六个必须坚持”的世界观和方法论，与学习贯彻习近平总书记关于工人阶级和工会工作的重要论述结合起来，持续推动理论武装走深走实，不断增强学习践行党的创新理论的思想自觉和行动自觉。

坚持党的领导，必须全面地、有效地贯彻落实到工会工作全过程和各方面。要牢记“国之大者”，找准工会工作与党的中心任务的结合点、切入点、着力点，推动党中央决策部署在工会系统落实落地，更好发挥工会职能作用。

坚持党的领导，要积极争取各级党委加强对工会和工会工作的领导。选好配强工会领导班子，热情关心和严格要求工会干部，重视培养和使用工会干部。要注重发挥工会组织作用，及时研究职工群众和工会工作遇到的重要问题，支持工会创造性开展工作。各级政府要发挥好政府和工会联席会议作用，积极帮助工会解决职工群众的实际困难和问题。

43. 如何理解坚持全心全意依靠工人阶级的根本方针？

工人阶级是我国的领导阶级，是先进生产力和生产关系的代表，是我们党最坚实最可靠的阶级基础，是坚持和发展中国特色社会主义的主力军。坚持和发展中国特色社会主义，必须坚持全心全意依靠工人阶级的根本方针、巩固工人阶级的领导阶级地位。

党自成立之日起，就把自己定性为工人阶级政党，历来高度重视依靠工人阶级，在领导伟大事业和推进重要工作时，都注重充分发挥工人阶级作用。新民主主义革命时期，党依靠工人阶级进行武装斗争，工人阶级围绕争取民族独立、人民解放浴血奋战，为推翻帝国主义、封建主义、官僚资本主义三座大山建立了历史功勋；社会主义革命和建设时期，党依靠工人阶级进行社会主义革命、推进社会主义建设，工人阶级坚决响应党的号召，以极大的政治热情和革命精神，为建立和巩固人民当家作主的新政权创造了不朽业绩；改革开放和社会主义现代化建设新时期，党依靠工人阶级推进现代化建设，工人阶级识大体、顾大局，踊跃投身经济社会建设，自觉维护安定团结的政治局面，为坚持和发展中国特色社会主义发挥了重要作用；中国特色社会主义新时代，在中国共产党的坚强领导下，工人阶级坚定不移沿着习近平总书记指引的方向，围绕全面建成小康社会、实现第一个百年奋斗目标团结奋斗，为党和国家事业取得历史性成就、发生历史性变革作出了重大贡献。

实践证明，坚持全心全意依靠工人阶级的根本方针，事关巩固党的阶级基础和执政地位，事关中国特色社会主义事业兴衰成败，也事关中国工运事业的未来发展。不论时代怎样变迁，不论社会怎样变化，全心全意依靠工人阶级的根本方针都不能忘记、不能淡化，我国工人阶级的地位和作用都不容动摇、不容忽视。

全心全意依靠工人阶级不能只当口号喊、标签贴，而要贯彻到党和国家政策制定、工作推进全过程，落实到企业生产经营各方面。要加大对工人阶级地位作用的宣传力度，健全完善保障工人阶级权益、提高工人阶级地位、褒奖工人阶级贡献、激发工人阶级积极性、主动性、创造性的制度机制，更好地增强工人阶级先进性、焕发工人阶级主人翁精神。

44. 如何理解牢牢把握为实现中华民族伟大复兴中国梦而奋斗的时代主题？

我国工人运动是在党直接领导下发展起来的。纵观中国工会近百年发展历程，团结动员广大职工群众为实现党在不同历史时期确立的纲领、目标和中心任务而努力奋斗，是工会的重要使命和时代主题。

在新民主主义革命时期，我国工人运动为实现民族独立、人民解放而奋斗，在这一时期，中国工会团结发动广大工人坚决贯彻党的方针，发扬大无畏革命精神，团结动员广大工人为实现党提出的奋斗目标而斗争。在社会主义革命和建设时期，我国工人运动为建立起独立的比较完整的工业体系和国民经济体系而奋斗，在这一时期，中国工会动员带领广大工人坚决响应党的号召，奋发图强、艰苦创业，为实现党和国家任务积极发挥作用。在改革开放和社会主义现代化建设新时期，我国工人运动为坚持和发展中国特色社会主义而奋斗，在这一时期，中国工会按照党推进中国特色社会主义伟大事业的总体要求，坚持围绕中心、服务大局，团结广大职工充分发挥工人阶级主力军作用，在党和国家工作大局中发挥了不可替代的重要作用。党的十八大以来，习近平总书记提出了为实现中华民族伟大复兴的中国梦而奋斗的宏伟愿景，指出我们比历史上任何时期都更接近中华民族伟大复兴的目标，极大地激发了全国各族人民团结奋斗的信心和决心。中国工会紧扣为实现中国梦而奋斗的时代主题，主动担当、积极作为，在助力打赢脱贫攻坚战、全面建成小康社会、服务统筹推进疫情防控和经济社会发展、有效应对风险挑战中发挥了重要作用。

新时代新征程，工会必须牢牢把握时代主题，紧紧围绕党和国家工作大局，立足完整、准确、全面贯彻新发展理念，加快构建新发展格局，着力推动高质量发展，围绕国家重大战略、重大工程、重大项目、重点产业，广泛深入持久开展各种形式的劳动和技能竞赛，广泛深入开展技术革新、技术协作、发明创造、合理化建议、网上练兵和“五小”等群众性创新创造活动，激发广大职工的劳动热情、创造潜能，在各行各业各个领域充分发挥主力军作用，为以中国式现代化全面推进中华民族伟大复兴贡献智慧和力量。

45. 如何理解加强对职工群众的思想政治引领?

党的十八大以来，习近平总书记高度重视加强对职工群众的思想政治引领，多次作出重要指示、提出明确要求。2013 年 10 月 23 日，习近平总书记在同全国总工会新一届领导班子成员集体谈话时强调，各种各样的活动都可以搞，但所有活动最终都要体现到教育引导职工群众自觉坚持党的领导和社会主义制度上来。2018 年 10 月 29 日，在同全国总工会新一届领导班子成员集体谈话时指出，引导职工群众听党话、跟党走，巩固党执政的阶级基础和群众基础，是工会组织的政治责任。如何把职工群众团结引导好，没有什么捷径妙招，关键是深入细致地做好思想政治工作，这也是工会工作的优良传统。2023 年 10 月 23 日，在同全国总工会新一届领导班子成员集体谈话时再次鲜明指出，要加强思想政治引领，做好职工思想政治工作，教育引导广大职工坚定不移听党话、跟党走，确保工人阶级始终是我们党最坚实最可靠的阶级基础。这些重要论述，为加强职工思想政治引领指明了方向、提供了遵循。

加强对职工群众的思想政治引领是中国共产党领导下的百年工人运动的优良传统。新民主主义革命时期，我们党通过工会在工人群众中广泛宣传马克思主义，提高工人群众阶级觉悟，教育引导工人阶级浴血奋战、百折不挠，为争取民族独立、人民解放建立了不朽功勋。社会主义革命和建设时期，我们党通过工会在工人群众中广泛宣传工人阶级主人翁地位，教育引导工人阶级自力更生、发愤图强，为巩固新生政权、建成独立的比较完整的工业体系和国民经济体系作出了突出贡献。改革开放和社会主义现代化建设新时期，我们党通过工会大力加强职工思想政治工作，教育引导工人阶级解放思想、锐意进取，为深化改革开放、促进经济发展、维护社会稳定发挥了重要作用。中国特色社会主义新时代，我们党通过工会在职工群众中大力加强党的创新理论学习教育，弘扬劳模精神、劳动精神、工匠精神，教育引导工人阶级自信自强、守正创新，为全面建成小康社会、实现第一个百年奋斗目标作出了重要贡献。

加强对职工的思想政治引领是团结引导职工积极投身强国建设、民族复兴的时代需要。党的二十大擘画了全面建成社会主义现代化强国、以中国式现代化全面推进中华民族伟大复兴的宏伟蓝图，明确了新时代新征程党和国家事业发展的目标任务。站在新的历史起点上，我们党要团结带领人民推进强国建设、民族复兴的历史伟业，更加需要坚定信念、鼓舞斗志，更加需要同心同德、团结奋斗。这就要求工会切实加强对职工群众的思想政治引领，多做组织职工、宣传职工、教育职工、引导职工的工作，不断满足职工群众日益增长的精神文化需求，激励亿万职工群众诚实劳动、勤勉工作，锐意创新、敢为人先，最大限度地调动他们建功立业、创新创造的积极性、主动性、创造性，依靠劳动创造扎实推进中国式现代化，在强国建设、民族复兴的新征程上充分发挥工人阶级主力军作用。

46. 如何理解要深化产业工人队伍建设改革？

产业工人队伍建设改革是习近平总书记亲自点题、亲自部署、亲自指导的重大改革，是党和国家一项具有战略性、全局性的重大决策部署。2017 年 2 月，习近平总书记主持中央全面深化改革领导小组第 32 次会议，审议通过了《新时期产业工人队伍建设改革方案》（以下简称《改革方案》），4 月党中央、国务院印发了《改革方案》。改革推进 6 年多来，在以习近平同志为核心的党中央坚强领导下，在中央改革办具体指导下，推进产业工人队伍建设改革协调小组各成员单位、参与单位按照任务分工履职尽责、积极推进、抓好落实；各级党委、政府、工会和企业等勇于担当、积极作为，推动改革取得重要阶段性成效。广大产业工人理想信念更加坚定，成为党执政的坚实基础和依靠力量；主人翁地位进一步彰显，各项待遇稳步提高；综合素质进一步提升，为全面建成小康社会、推动高质量发展、实施制造强国战略作出了重要贡献，在经济社会发展大局中充分发挥了工人阶级主力军作用。

新时代新征程，我们要在既有成绩的基础上，进一步把产业工人队伍建设改革引向深入。一是强化产业工人思想政治引领，坚持不懈用习近平新时代中国特色社会主义思想凝心铸魂，推动党的创新理论在产业工人中落地生根，深入做好产业工人思想政治工作，引导产业工人坚定不移听党话、跟党走。二是保障产业工人主人翁地位，健全产业工人参与国家治理的制度机制，完善企业民主管理制度，加强产业工人主人翁地位的宣传和引导，调动广大产业工人的积极性、主动性、创造性。三是完善产业工人技能形成体系，加强产业工人终身职业技能培训，落实企业培养产业工人的主体责任，促进产业工人知识更新和技术技能素质提升。四是畅通产业工人发展通道，完善技能人才评价体系，引导企业建立健全产业工人职业生涯指导计划，促进产业工人岗位成才。五是维护产业工人劳动经济权益，进一步完善分配制度，提高劳动报酬在初次分配中的比重，推动实现多劳者多得、技高者多得、创新者多得，不断增强产业工人成就感、获得感、幸福感。六是搭建建功立业平台，广泛深入持久开展劳动和技能竞赛，激发产业工人创新创造活力。七是壮大产业工人队伍，大力培养大国工匠，吸引更多青年加入产业工人队伍，把更多农民工培养成高素质现代产业工人。八是加强组织领导，充分发挥中央企业和大型地方国有企业示范作用，支持民营企业更好履行社会责任，形成合力推进产业工人队伍建设改革的工作格局。

47. 如何理解大力弘扬劳模精神、劳动精神、工匠精神？

劳模精神、劳动精神、工匠精神孕育于革命战争年代，形成于社会主义革命和建设时期，发展于改革开放和社会主义现代化建设新时期，光大于中国特色社会主义新时代，是中国共产党人精神谱系的重要组成部分。党的十八大以来，以习近平同志为核心的党中央始终礼赞劳动创造，讴歌劳模精神、劳动精神、工匠精神。2013 年 4 月 28 日，习近平总书记亲临全国总工会机关同全国劳动模范代表座谈，强调必须大力弘扬劳模精神、发挥劳模作用。2014 年 4 月 30 日，习近平总书记在乌鲁木齐接见劳动模范和先进工作者、先进人物代表时，提出劳动精神。2016 年 4 月 26 日，习近平总书记在安徽主持召开知识分子、劳动模范、青年代表座谈会时，提出工匠精神。2020 年 11 月 24 日，在全国劳动模范和先进工作者表彰大会上，习近平总书记对劳模精神、劳动精神、工匠精神作出全面系统深刻阐述，强调在长期实践中，我们培育形成了爱岗敬业、争创一流、艰苦奋斗、勇于创新、淡泊名利、甘于奉献的劳模精神，崇尚劳动、热爱劳动、辛勤劳动、诚实劳动的劳动精神，执着专注、精益求精、一丝不苟、追求卓越的工匠精神。劳模精神、劳动精神、工匠精神是以爱国主义为核心的民族精神和以改革创新为核心的时代精神的生动体现。2023 年 10 月 23 日，习近平总书记在同全国总工会新一届领导班子成员集体谈话时指出，要大力弘扬劳模精神、劳动精神、工匠精神，发挥好劳模工匠示范引领作用，激励广大职工在辛勤劳动、诚实劳动、创造性劳动中成就梦想。

劳模精神、劳动精神、工匠精神跨越时空、历久弥新，必将继续激励和鼓舞包括工人阶级在内的全体人民不懈奋斗。当前，全党全国各族人民正满怀信心，向着强国建设、民族复兴的光明未来阔步进发。无论是构建新发展格局、推动高质量发展，还是促进全体人民共同富裕，归根到底要依靠辛勤劳动、诚实劳动、创造性劳动。新征程上，我们比以往任何时候都更加需要大力弘扬劳模精神、劳动精神、工匠精神，带动全社会一起拼搏、一起奋斗，为全面建设社会主义现代化国家、全面推进中华民族伟大复兴汇聚强大正能量。

48. 如何理解切实实现好、维护好、发展好工人阶级和广大劳动群众合法权益?

中国工会从诞生之日起，就在党的领导下，始终致力于实现好、维护好、发展好工人阶级和广大劳动群众的合法权益。近百年的中国工运史，贯穿着中国工会在中国共产党领导下为维护工人阶级和广大劳动群众合法权益而进行的不懈努力。

新民主主义革命时期，工会组织动员工人群众不断掀起工运高潮，在国统区开展争取生存权利的斗争，在苏区和解放区推动制定劳动法律，对工人工作时间、休息时间、工资、劳动保障、社会保险等作出明确规定，极大地调动了广大工人群众投身党领导的反帝反封建斗争的积极性主动性。社会主义革命和建设时期，各级工会按照中央“一切工作都要围绕生产建设这个工作中心”的要求，联系并教育工人群众，积极完成国家建设计划，在发展生产的基础上，通过强化缔结集体合同，将职工的权益维护融入集体合同的缔结过程中，通过维护整体利益达到维护职工具体利益的目的，有效地激发了广大工人群众参与政权和经济建设的壮志豪情。改革开放和社会主义现代化建设新时期，各级工会既全面履行各项社会职能，又突出履行基本职责，认真贯彻“组织起来、切实维权”的工会工作方针，树立和落实“以职工为本，主动依法科学维权”的工会维权观，坚持“促进企业发展、维护职工权益”的企业工会工作原则，全面维护职工经济、政治、文化、社会权益，推动实现体面劳动，有力化解劳动关系矛盾，维护了职工队伍与社会和谐稳定。党的十八大以来，各级工会坚决贯彻习近平总书记关于做好维权服务工作的重要指示，坚持以职工为中心的工作导向，把维权服务基本职责作为工会工作重要着力点，扎实做好各项工作，努力推动解决职工群众急难愁盼问题，把党和政府的关心关怀送到广大职工群众心坎上。

实践充分证明，维护和发展职工利益是工会组织安身立命之本。当前，随着经济社会不断发展，职工需求层次不断提升，工会既要通过多种方式维护好职工合法权益，也需要从更宽视野、更多领域、更高层次为职工提供多样化服务。各级工会必须把服务职工、维护职工合法权益的大旗牢牢掌握在手中，把群众观念牢牢根植于心中，认真履行维权服务基本职责，围绕职工对提升生活品质的需求，强化服务意识，提升服务能力，挖掘服务资源，着力解决关系职工群众切身利益的实际问题。

49. 如何理解深入推进工会改革创新?

时代在发展，事业在创新，工会工作也要发展、也要创新。深入推进工会改革，是工运事业和工会工作保持生机活力的内在要求，为党的工运事业和工会工作蓬勃发展提供不竭动力。

从贯彻落实习近平总书记关于深化工会改革创新重要指示批示精神看。党的十八大以来，习近平总书记高度重视工会改革创新，强调要坚持增强政治性、先进性、群众性的工会改革方向，在建机制、强功能、增实效上下功夫，创新组织体制、运行机制、活动方式、工作方法，为推进工会改革创新发展指明了方向。贯彻落实习近平总书记重要要求，必须持续推进工会改革和建设，自觉运用改革精神谋划推进工作，着力破解制约工会工作发展的难题，不断增强工会组织生机与活力，有效发挥党联系职工群众的桥梁纽带作用。

从全面贯彻党的二十大精神、在推进中国式现代化中发挥工会作用看。党的二十大擘画了全面建设社会主义现代化国家、以中国式现代化全面推进中华民族伟大复兴的宏伟蓝图，对统筹推进“五位一体”总体布局、协调推进“四个全面”战略布局作出了全面部署，其中许多内容涉及工人阶级和工会工作。工会只有将党的中心任务作为谋划开展一切工作的立足点，紧紧围绕推进中国式现代化对工会工作提出的新要求深化改革创新，才能切实肩负起新时代新征程党赋予的使命任务，在党和国家工作大局中发挥工会作用、彰显工会价值。

从忠诚党的事业、竭诚服务职工看。随着我国经济体制深刻变革、社会结构深刻变动、利益格局深刻调整、思想观念深刻变化，工人阶级队伍在内部结构、就业形态、分配方式、利益诉求等方面也发生了明显变化，以货车司机、网约车司机、快递员、外卖配送员等为代表的新就业形态劳动者大量涌现，职工群众对美好生活的需要日新月异、迭代升级，从满足物质性需求向体面劳动、实现自我价值等社会性、精神性需求转变。面对职工队伍的新变化新需求，工会必须扎实推进工会改革创新，才能更好履行维权服务的基本职责，不断提高工作的针对性和实效性。

50. 如何理解今后五年工会工作的总体要求?

中国工会十八大报告提出，今后五年工会工作的总体要求是：坚持以习近平新时代中国特色社会主义思想为指导，全面贯彻党的二十大精神，深入贯彻习近平总书记关于工人阶级和工会工作的重要论述，紧紧围绕党和国家工作大局，忠诚党的事业、竭诚服务职工，改革创新、奋发进取，保持和增强政治性、先进性、群众性，持续提高引领力、组织力、服务力，充分发挥党联系职工群众的桥梁纽带作用，团结引导亿万职工群众坚定不移听党话、跟党走，为全面建设社会主义现代化国家、全面推进中华民族伟大复兴发挥主力军作用。“举一纲而万目张，解一卷而众篇明。”总体要求是对今后五年工作的高度凝练概括，蕴含着十分丰富的内涵，可从以下几个方面来把握。

“坚持以习近平新时代中国特色社会主义思想为指导，全面贯彻党的二十大精神，深入贯彻习近平总书记关于工人阶级和工会工作的重要论述”，这是新时代新征程工会工作的首要政治任务。要坚持不懈用习近平新时代中国特色社会主义思想凝心铸魂，深入贯彻习近平总书记关于工人阶级和工会工作的重要论述，深刻领悟“两个确立”的决定性意义，增强“四个意识”、坚定“四个自信”、做到“两个维护”，始终在思想上政治上行动上同以习近平同志为核心的党中央保持高度一致。

“紧紧围绕党和国家工作大局，忠诚党的事业、竭诚服务职工”，这是各级工会义不容辞的职责和担当。要聚焦高质量发展这个首要任务，组织职工群众建功立业、创新创造；用心用情做好维权服务工作，实现好、维护好、发展好职工群众的根本利益。

“改革创新、奋发进取，保持和增强政治性、先进性、群众性，持续提高引领力、组织力、服务力，充分发挥党联系职工群众的桥梁纽带作用”，这是深化工会改革建设的方向和动力。要突出抓好基层基础工作，大力推进工会工作法治化，全面加快工会系统数字化建设，打通服务职工群众“最后一公里”。

“团结引导亿万职工群众坚定不移听党话、跟党走，为全面建设社会主义现代化国家、全面推进中华民族伟大复兴发挥主力军作用”，这是我国工人阶级和工会组织的政治责任和历史使命。要发扬以党的旗帜为旗帜、以党的意志为意志、以党的使命为使命的光荣传统，准确识变、科学应变、主动求变，把握机遇、迎接挑战，更好担负起新时代新征程的使命任务。

这几个方面相互联系、相互促进，构成了一个高屋建瓴、逻辑缜密的有机整体，为不断开创新时代工运事业和工会工作新局面进行了科学布局。

51. 如何坚持不懈用习近平新时代中国特色社会主义思想凝心铸魂？

习近平新时代中国特色社会主义思想是当代中国马克思主义、二十一世纪马克思主义，是党和国家必须长期坚持的指导思想，是全党全国各族人民为强国建设、民族复兴而奋斗的行动指南。2023 年 10 月 23 日，习近平总书记在同全国总工会新一届领导班子成员集体谈话时强调，要坚持不懈用新时代中国特色社会主义思想凝心铸魂，持续推动理论武装走深走实，不断增强学习践行党的创新理论的思想自觉和行动自觉。

坚持不懈用习近平新时代中国特色社会主义思想凝心铸魂，要完整准确掌握习近平新时代中国特色社会主义思想的重大意义、科学体系、丰富内涵、精神实质、实践要求，全面把握这一重要思想的世界观、方法论和贯穿其中的立场观点方法，深刻理解这一重要思想的道理学理哲理。要巩固拓展学习贯彻习近平新时代中国特色社会主义思想主题教育成果，全面实施“研读原著、专题研讨、调查研究、转化运用”党的创新理论学习行动，自觉用习近平新时代中国特色社会主义思想坚定理想、锤炼党性和指导实践、推动工作。要健全完善学习贯彻落实习近平总书记关于工人阶级和工会工作的重要论述的制度性安排，推动学习贯彻重要论述走深走实。要运用工会宣传阵地，开发使用好先进工具，采用职工喜闻乐见的方式，广泛开展面向职工的理论宣讲，深入开展“万名劳模工匠宣讲党的创新理论”活动，推动党的创新理论进企业、进车间、进班组，走到职工身边、走进职工心里。

52. 如何深化对习近平总书记关于工人阶级和工会工作的重要论述的理论研究、学理阐释？

习近平总书记指出，要不断深化理论研究阐释，重点研究阐释我们党提出的新理念新论断中原理性理论成果，把握相互的内在联系。习近平总书记关于工人阶级和工会工作的重要论述是一个系统完整、逻辑严密的科学理论体系，深化对这一重要论述的理论研究、学理阐释，是摆在各级工会组织和干部面前的重大课题。

要深刻认识这一重要论述是新时代党的工运事业和工会工

作的根本遵循，充分把握时代背景、形成过程、科学内涵、实践要求，不断增强理论研究和学理阐释的思想自觉和行动自觉。要深化马克思主义工运理论研究，综合运用哲学、经济、政治、社会、管理、法律等多学科知识，系统协同、博采众长，着力研究事关工会工作的基础性、整体性、前瞻性问题，在重大思想观点、重大理论判断上深入挖掘，深化对新时代工运事业和工会工作重大理论和实践课题的认识。要加强对习近平总书记关于工人阶级和工会工作的重要论述的学理阐释，着力解决“知其然知其所以然”的问题，弄懂科学上的原理和法则，讲清楚这一论述的理论逻辑、实践逻辑和历史逻辑，讲清楚这一思想的道理学理哲理，明确思想渊源，奠定坚实基础。

理论的价值在于指导实践，学习的目的在于运用。要用习近平总书记关于工人阶级和工会工作的重要论述指导工会工作，引导广大工会干部深化对新征程上涉及职工队伍和工会工作全局性、趋势性、前瞻性问题的研究和思考，更好掌握新时代工运事业和工会工作特点与规律，注重理论联系实际、回答现实问题、解决现实问题，进一步提升做好工会工作的能力和水平。

53. 如何进一步深化社会主义核心价值观教育?

社会主义核心价值观是社会主义核心价值体系的高度凝练和集中表达，是全面建设社会主义现代化国家的价值引领。各级工会组织有责任有义务深化社会主义核心价值观教育，将其融入广大职工的政治立场、价值追求、职业操守、精神境界等各个方面，使广大职工普遍追求富强、民主、文明、和谐的国家发展目标，充分认同自由、平等、公正、法治的社会价值取向，自觉遵守爱国、敬业、诚信、友善的个人行为准则。

广泛开展理想信念教育。在广大职工中进一步深入宣传习近平新时代中国特色社会主义思想，持续抓好“四史”宣传教育，引导广大职工深刻领悟中国共产党为什么能、马克思主义为什么行、中国特色社会主义为什么好，更加紧密地团结在以习近平同志为核心的党中央周围，听党话、感党恩、跟党走，筑牢党长期执政的阶级基础和群众基础。深入开展“中国梦·劳动美”主题宣传教育，推进“万名劳模工匠宣讲党的创新理论”活动，把广大职工的思想统一起来、干劲鼓舞起来，汇聚起亿万职工奋进新征程的磅礴力量。加强红色工运资源开发利用，充分发挥红色资源的教育感染作用。

深化劳模精神、劳动精神、工匠精神教育。聚焦一线，积极培育和选树一批符合时代特征、在实际工作中贡献突出、广大职工群众支持拥护的楷模。在全社会大力弘扬劳模精神、劳动精神、工匠精神，唱响劳动光荣、技能宝贵、创造伟大的时代主旋律，扎实做好“大国工匠”、“最美职工”、“中国梦·大国工匠篇”、“劳动者之歌”、“身边的大国工匠”等现有宣传品牌，做优做强“劳动创造幸福”、“劳动最光荣”等融媒体宣传品牌，讲好劳模故事、讲好劳动故事、讲好工匠故事，努力营造劳动光荣的社会风尚和精益求精的敬业风气。

建设先进职工文化。要搭建职工群众便于参与、乐于展示的活动平台，以“五一”特别节目、职工艺术节、职工摄影、诗词、美术书法、微电影大赛和文艺工作者深入职工创作实践活动等为载体，将社会主义核心价值观艺术地融入广大职工喜闻乐见的文化活动。创新文化服务方式，搭建“互联网+职工文化”平台，推动职工文化网络化传播，为职工提供“菜单式”、“订单式”文化服务；持续开展“阅读经典好书 争当时代工匠”、“玫瑰书香”等主题阅读活动。积极参与群众性精神文明创建活动，推进家庭、家教、家风建设，展示新时代职工文明形象。

54. 如何加强工会宣传工作，构建工会宣传工作格局？

工会宣传工作是党的宣传工作重要组成部分，在工会工作中具有基础性、全局性、先导性的作用，是工会履行引导职工听党话、跟党走政治职责的重要载体。立足新时代新征程，提高工会宣传的传播力、影响力、公信力，必须加强工会宣传工作的领导统筹、协调融合和创新创造，构建工会大宣传工作格局。

提高宣传能力。做精传统媒体，努力使《工人日报》成为“三工”领域最重要、最权威、最有影响的主流媒体，推动《中国工运》、《中国工人》杂志不断改革创新、提高水平。做强网络媒体，推动中工网迈入中央重点新闻网站行列，努力成为具有广泛影响力的综合性新闻传播平台。做好媒体融合，强化工会系统媒体协同，完善工会系统媒体和中央主流媒体、头部平台媒体合作。

加强统筹管理。坚持整体统筹，加强顶层设计、总体谋划，通过聚集资源、调整机构、融合协同，提高整体传播能力。坚持鲜明特色，立足“工”字特色，突出展现工人阶级风采，突出服务职工群众需要。坚持实时响应，及时报道职工群众新闻信息，实时监测涉“工”舆情，旗帜鲜明发表弘扬正气的声音、反对错误的观点。

深化工作落实。建设全国工会融媒平台，集中运营全国总工会本级新媒体，牵头联动全国各级工会新媒体，加大“中央厨房”内容供给，对工会新闻宣传资源进行统一汇集、交互、生产、分发。管好自办的各类媒体，既扩大宣传影响，又确保工会意识形态安全。加强政策支持，为融媒平台提供多方面支持，造就一批精通制作、传播、运营、技术的优秀人才。

55. 如何理解在深化产业工人队伍建设改革过程中突出新型工业化、新兴产业、数字经济和技术创新？

中国工会十八大报告在部署深化产业工人队伍建设改革时强调，突出新型工业化、新兴产业、数字经济和技术创新。这是贯彻落实党的二十大精神，就深化产业工人队伍建设改革作出的一项前瞻性、创新性工作部署。

新型工业化、新兴产业、数字经济和技术创新是建设现代化产业体系的重要内容。党的二十大报告对建设现代化产业体系作出重大战略部署，强调坚持把发展经济的着力点放在实体经济上，推进新型工业化，加快建设制造强国、质量强国、航天强国、交通强国、网络强国、数字中国；推动战略性新兴产业融合集群发展，构建新一代信息技术、人工智能、生物技术、新能源、新材料、高端装备、绿色环保等一批新的增长引擎；加快发展数字经济，促进数字经济和实体经济深度融合，打造具有国际竞争力的数字产业集群。新征程上，建设现代化产业体系既是推动高质量发展、构建新发展格局的必然要求，也是赢得大国竞争主动的迫切需要。可以说，没有产业体系的现代化，就没有经济的现代化；没有坚实的物质技术基础，就不可能全面建成社会主义现代化强国。

技术工人队伍是支撑中国制造、中国创造的重要基础，对于建设现代化经济体系、推动高质量发展具有重要作用。无论是推进新型工业化，还是发展新兴产业、数字经济，既要充分依靠和发挥科技创新的作用，又要注重培养一支与现代产业体系相适应的高素质产业工人队伍，这是把先进科学技术转化为现实生产力的关键因素。目前，我国技术工人队伍在数量、素质、结构上还不能完全适应产业转型升级、建设现代化产业体系的要求，特别是在数字技能方面还存在较大差距。这就要求我们在深化产业工人队伍建设改革过程中，必须瞄准世界科技革命和产业变革方向，主动适应新型工业化、新兴产业、数字经济发展需求，把完善产业工人技能形成体系作为“牛鼻子”来抓，全面提升产业工人技术技能素质，努力培养造就更多的大国工匠和高技能人才，充分激发产业工人的创造精神和奋进力量，更好发挥技术创新对产业、企业高质量发展的重要支撑作用，为建设现代化产业体系作出更大贡献。

56. 如何推动劳动和技能竞赛向新产业新业态拓展?

2018 年 10 月 29 日，习近平总书记在同全国总工会新一届领导班子成员集体谈话时指出，劳动和技能竞赛是工会的传统优势、工作品牌，新时代要注入新内涵。信息化时代推动了数字经济的蓬勃发展，劳动和技能竞赛应该与时俱进，扩大在新产业新业态领域中的覆盖面和影响力，让不同类型的企业和职工都能从竞赛中受益。

一是激发企业内生动力。抓住新产业新业态领域企业负责人及管理层这个关键，在引领推动、示范引导、学习交流、宣传政策上下功夫，展示劳动和技能竞赛工作在提高企业核心竞争力和凝聚力等方面的积极成效，通过全方位、多角度、立体化宣传动员，充分调动企业开展竞赛活动的积极性和主动性。对意愿不强或未建工会的企业，发挥产业、园区的聚合作用，组织开展企业间、行业性、供应链的竞赛活动，引导企业在相互竞争中增强内生动力。在发挥好工会作用的同时，坚持党建带工建，借助党建、团建优势开展竞赛，扩大覆盖面，增强影响力。

二是丰富竞赛内容形式。坚持从新产业新业态领域企业实际出发，充分尊重企业主体地位、尊重职工意愿，立足企业与职工共同的利益结合点、关注点，围绕技术研发、技能提升、运营管理、安全生产、职业健康、节能减排、优质服务等方面开展竞赛活动，增强竞赛的针对性、实效性，推动提升职工技能素质和企业核心竞争力。创新竞赛方式，加强竞赛信息化平台建设，积极运用互联网、大数据等探索和推行“云赛事”、“云表彰”等，增强竞赛的时代感和便利性。

三是完善竞赛激励机制。对竞赛中涌现的优秀企业负责人和职工，推荐参评劳模和五一劳动奖章等，开展首席员工、工匠人才评选及创新成果、先进操作法命名，切实提高获得感。把竞赛与职业资格认定、等级晋升相结合，推行“培训、练兵、竞赛、晋级”一体化机制，拓宽职工发展通道，促进职工待遇提升、成长成才。构建以弘扬劳模精神、劳动精神、工匠精神为核心，以创新创造、发挥作用为价值理念，以多劳者多得、技高者多得为共同意识，以爱岗敬业、公平公正为基本内涵的竞赛文化。坚持促进企业发展、维护职工权益原则，不能以开展竞赛为由违反《劳动法》关于劳动时间、劳动报酬、安全生产等方面的相关规定，不能以损害职工合法权益为代价换取企业发展。

57. 如何持续深化群众性创新创造活动？

党的二十大报告强调，必须坚持科技是第一生产力、人才是第一资源、创新是第一动力，深入实施科教兴国战略、人才强国战略、创新驱动发展战略，开辟发展新领域新赛道，不断塑造发展新动能新优势。以劳模和工匠人才创新工作室、“小发明、小创造、小革新、小设计、小建议”等“五小”群众性创新创造活动为主要内容的职工技术创新体系，是国家创新体系建设的重要组成部分。适应新形势新任务，持续深化群众性创新创造活动要在扩大覆盖面、提高实效性、增强持续性上下功夫。

一是扩大覆盖面。长期以来，各级工会在提升职工参与率上进行了积极探索，先后涌现了技术革新、技术协作、发明创造、合理化建议、网上练兵以及“五小”活动等做法，实践证明这些都是行之有效的工作品牌，必须长期坚持、不断拓展。坚持职工主体地位，适应不同层级、不同地区、不同行业、不同岗位的实际，分门别类、因地制宜开展活动，特别是积极推动创新创造活动向非公企业拓展，探索在新产业新业态新组织中开展职工创新创造活动，更广泛地调动和激发广大职工参与群众性创新创造活动的积极性、主动性、创造性。

二是提高实效性。以提高职工技能水平、促进企业技术进步和推动高质量发展为目标，发挥职工创新专项资金撬动作用，深化劳模和工匠人才创新工作室创建，完善创新激励链条，引导职工聚焦生产技术难题和经营薄弱环节，推动生产组织创新、技术创新、市场创新。建立区域性、行业性职工技术创新联盟，推动解决跨行业跨领域关键共性技术问题。畅通职工创新成果转化应用渠道，完善职工创新成果展示交流平台，做优做强大国工匠创新交流大会、大国工匠论坛等工作品牌，组织企业与工匠和技能人才开展创新成果对接转化，推动职工创新成果产业化规模化应用，加强职工知识产权保护，开展技术转让和技术服务，形成“成果—转化—效益—成果”的创新生态链。

三是增强持续性。加强与政府相关部门、协会组织、企业组织的联系与合作，群策群力做好群众性创新创造活动。鼓励企业将创新活动纳入企业创新工作总体规划，从场地保障、人员配备、资金投入、设备设施、活动时间、奖励激励等方面给予大力支持，把职工的职业技术资格晋升、收入待遇与技能提升和创新业绩挂钩。发挥企业工会承上启下的重要作用，为群众性创新创造活动开展提供指导帮助，及时研究解决工作中遇到的困难和问题，确保创新创造活动落地见效。加强群众性创新创造活动的组织管理，把技术创新活动融入企业生产管理各环节，做到经常化日常化，通过及时解决企业生产过程难题，推动企业提高自主创新能力。

58. 如何开展“劳模工匠助企行”活动？

开展“劳模工匠助企行”活动是中国工会十八大的一项重要部署，也是工会深化产业工人队伍建设改革的一项重要举措。要按照试点先行、逐步推进、全面铺开的模式，推动“劳模工匠助企行”取得实效，力争到2025年末，累计实现组织2万名

(人次)劳模工匠进企业开展技术帮扶、技能培训、“师带徒”等活动，累计为“专精特新”企业、中小微企业解决2万个现场技术问题，帮助10万名（人次）“专精特新”企业、中小微企业职工提升技能水平。

一是搭建需求匹配平台。加快推进“劳模工匠助企行”数据库建设，纳入全国总工会数字化服务平台，链接地方工会App，为劳模工匠人才和企业精准匹配、技术对接提供数字化的高效便捷服务。推进分级分类管理，对各级劳模工匠人才和企业分级分类做标签，建立可视化大数据展示界面，实现需求和供给分析、精准匹配。

二是开展技术服务。组织劳模工匠技术服务队深入“专精特新”企业、中小微企业，通过现场指导、技术辅导等方式，帮助“专精特新”企业、中小微企业解决技术难题。聚焦产业链，组织产（行）业劳模工匠服务队深入所属产（行）业“专精特新”企业、中小微企业，帮助解决产（行）业共性工艺技术难题。

三是开展技能培训服务。组织劳模工匠技术服务队成员组成讲师团，依托工匠学院开展针对“专精特新”企业、中小微企业职工的技能培训服务，依托劳模和工匠人才创新工作室开展“名师带徒”活动，帮助“专精特新”企业、中小微企业职工提升技能水平和就业能力，帮助“专精特新”企业、中小微企业提升职工技术技能素质。

四是参与企业研发、技术攻关和工艺改进项目。根据“专精特新”企业、中小微企业的实际需求，组织劳模工匠技术服务队成员通过兼职参与创新、短期合作、联合攻关、联盟结对等方式，到“专精特新”企业、中小微企业开展技术咨询、产品开发、技术攻关、工艺改进、成果转化等服务，帮助“专精特新”企业、中小微企业提升创新能力和市场竞争力。

五是开展管理提升服务。劳模工匠技术服务队在向“专精特新”企业、中小微企业提供技术咨询、技术攻关等服务的同时，传播企业管理、班组建设等经验，帮助“专精特新”企业、中小微企业提升管理效率和水平。

59. 如何构建工匠学院建设体系?

中国工会十八大报告强调“构建工匠学院建设体系”，这对于提升职工技术技能素质、壮大技能人才队伍、激发职工创新创造活力，具有重要的促进作用。

完善阵地建设体系。各省级工会要聚焦国家重大区域战略，结合当地优势和产业特点，加强对地方总工会、产业工会、龙头企业的指导，优先在产业集中度较高的地级市、主导产业特色突出的县（市）建设符合产业发展需求的工匠学院。各全国产业工会要积极推进具有产业（行业）特色的工匠学院建设，推动大型骨干企业特别是产业链、供应链链主企业建立工匠学院，引导带动产业链、供应链上下游企业、中小微企业开展职工技能提升培训。要发挥企业主体作用，鼓励国有企业特别是中央企业发挥人才资源优势，利用技工院校、培训中心、实训基地等，牵头建设适应企业发展需要和人才需求的特色工匠学院；支持非公有制企业，特别是中小型“专精特新”企业、制造业单项冠军企业，建设符合企业人才培养需求的专业化工匠学院。

完善教学资源体系。各级工会要组织工匠人才、劳动模范等高技能人才建设工匠学院师资队伍，利用现有线上线下技能培训课程资源，整合教学资料，丰富教材内容，积极开发系统化、标准化、专业化技能培训课程。鼓励工匠学院强化技能形成导向，发挥劳模和工匠人才作用，为学员提供个性化、多层次职业技能提升指导服务。各级工匠学院要建设网上学习平台或数字工匠学院，推进工会线下培训资源的数字化转化，加强师资、课程、学员、管理等信息化数字化建设。鼓励结合数字技能人才培养工作，积极推进数字化应用特色工匠学院建设，培养复合型数字化技能人才。

完善支持保障体系。各级工会要加大对工匠学院的资金支持，鼓励企业通过职工教育经费提供经费支持，加大对工匠学院场地建设和硬件设施配备的支持力度，确保工匠学院能够开展高质量的教学培训工作。支持各地将工匠学院建设纳入公共实训基地、全民数字素养与技能培训基地等建设范围，注重发挥劳模和工匠人才创新工作室、工会院校、公共实训基地、职业院校、技工院校、企业培训中心和实训基地等功能作用，推动共建共享。鼓励各级工会优先向工匠学院购买服务，积极引导各级工匠学院承担有关部门的技能培训工作。

60. 如何强化职工创新成果展示交流和应用转化?

职工是生产力中的活跃因素，也是企业创新创造的重要力量。长期以来，广大职工立足岗位，发挥聪明才智，从生产一线实际出发，进行了许多有创意、有价值的创新创造活动，通过“小活动”解决了“大问题”。不断强化职工创新成果展示交流和应用转化，才能持续提高群众性创新创造活动的质量。

深化职工创新成果评选。将开展全国职工优秀技术创新成果评选表彰活动作为深入实施科教兴国战略、人才强国战略、创新驱动发展战略的重要举措落实落细。地方各级工会要高度重视，引导各类企事业单位将技术先进、便捷实用，能够显著提高劳动生产率、产品质量，推进安全生产与卫生、节能减排、保护环境，取得显著经济效益或社会效益的创新成果推荐上来。发挥职工创新补助资金效益，对各地创新工作室优秀创新项目进行扶持。

搭建职工创新成果展示交流平台。举办好大国工匠创新交流大会，为广大高技能人才搭建交流平台。组织开展职工创新成果转化签约活动，充分利用市场机制推动职工技术创新成果转化。通过展览会、交易会等多种形式，为职工搭建成果展示、经验交流与技术对接的服务平台，加速职工创新成果转化。充分发挥职工技协优势，组织引导职工广泛开展技术交流、咨询和培训等活动，促使成果、技术对接工作的经常化、规范化，逐步建立起职工创新人才库、职工创新成果库和转化平台，为职工创新成果转化和推广应用提供便利。

加强职工创新成果知识产权保护。做好知识产权保护宣传工作，引导职工自觉形成知识产权保护意识，提升专利申报的积极性。面向一线职工开展专利工作的义务培训和指导，为职工的重大创新成果提供专业的专利权公共政策、法律咨询服务，协助职工申请发明专利，将其创新成果转化为专利，切实维护职工创新成果知识产权收益。

61. 如何建立完善关心关爱劳模工匠和技能人才常态化机制?

关心劳模工匠生活、落实好各项待遇政策，关爱技能人才成长成才，及时帮助他们解决生产、生活中遇到的困难，不仅关系到劳模工匠作用的发挥、技能人才的成长，也直接影响广大职工学赶先进的积极性。

提高劳模工匠管理服务质量。建立完善劳模工匠信息数据库，及时掌握劳模工匠动态，有针对性地做好劳模工匠管理服务工作。加强调查研究，经常了解劳模工匠的生产生活情况，通过多种方式听取他们的意见建议，及时发现问题、解决问题。坚持守正创新，不断总结服务劳模工匠的新经验，探索解决劳模工匠困难的新途径，研究解决劳模工匠困难的新办法。

实打实关心关爱劳模工匠。坚持面向基层、面向一线、面向普通劳动者开展劳模疗休养，重点安排劳动强度大、工作环境艰苦、发挥骨干作用的劳模，让劳模在轻松愉悦的环境中加强交流、学习提高，促进身心健康。做好全国劳模免费健康体检工作，积极与卫生部门协商，为劳模提供便捷的医疗保健服务。开展好劳模工匠生活困难帮扶、春节慰问、重要节日和纪念日走访等工作，把党和政府的温暖送到劳模工匠的心坎上。

助力技能人才成长成才。大力深化职业教育改革，加快校企合作、产教融合，促进职业教育与技能工人在岗培训有机衔接，向一线工人提供普惠性、均等化、贯穿学习和职业生涯全过程的终身职业技能培训，努力培养造就更多大国工匠、高技能人才。完善技能人才评价、使用和激励机制，强化正确的人才观念、用人导向，把职工中的技能型人才和专业技术型人才、管理型人才放在同等重要的位置一视同仁，畅通技能人才发展通道，为技能人才成长成才提供更好的环境。

62. 如何引导企业发挥组织职工建功立业、创新创造的主体作用？

中国工会十八大报告提出，要引导企业充分发挥主体作用，推动企业建会强会、维护职工劳动经济权益、推进企业民主管理等，努力构建和谐劳动关系；通过劳动竞赛、技能培养、畅通职业发展通道、创建劳模和工匠人才创新工作室等，持续点燃职工创新创造激情。新征程上，要把开展的劳动和技能竞赛等各项建功立业活动与企业生产经营结合起来，不断增强企业支持开展建功立业活动的积极性主动性，努力在团结动员广大职工建功立业上取得新的更大成效。

强化维权服务工作。要从群众多样化需求出发，做好工会维权服务工作，使工会的维权服务更直接、更深入、更贴近工人阶级和广大劳动群众，增强工会在职工中的凝聚力影响力号召力、在企业中的话语权，为开展工作提供更多的有利条件。要坚持以职工为中心的工作导向，针对不同企业的实际情况，从职工群众的急难愁盼问题入手，不断加大维权服务力度，以实际行动当好职工群众的“娘家人”、贴心人。要推动企业建立和完善集体协商、集体合同制度，就职工群众关心的劳动报酬、技能提升、休息休假、社会保障、劳动安全卫生、劳动定额等开展经常化、制度化的协商，着力构建和谐的劳动关系。要关心职工的所思所想所盼，把职工群众的安危冷暖挂在心上，围绕职工群众最关心最焦虑的子女抚育、大病就医、婚丧嫁娶、意外救助、生活困难等带有普遍性的问题，及时加大帮扶服务力度，努力做到雪中送炭，帮助职工解除后顾之忧，让职工能够以更加饱满的热情投入工作中，为企业发展和国家建设献计出力。

深化企业民主管理。要通过深化企业民主管理发展全过程人民民主，保障职工民主政治权利，从而激发广大职工主人翁精神，促进企业高质量发展。要充分认识企业民主管理是构建和谐劳动关系的有效举措，积极推动完善以职工代表大会为基本形式的企事业单位民主管理制度，企业在重大决策上要听取职工意见，涉及职工切身利益的重大问题必须经过职代会审议，依法保障职工知情权、参与权、表达权、监督权。要因地制宜、因企制宜，针对不同所有制、不同经营方式、不同规模企业的实际，探索推进符合各自特点的企业民主管理形式，进一步推进厂务公开制度化、规范化，完善公开程序，充实公开内容，探索和推行经理接待日、劳资恳谈会、总经理信箱等多种形式的公开，提高厂务公开建制率，健全职工董事职工监事制度，加强职代会、厂务公开、职工董事职工监事制度有效衔接，鼓励职工代表有序参与企业治理，让职工与企业成为同舟共济、团结一心的利益共同体、事业共同体、命运共同体。

推动建功立业活动与企业发展有机融合。要围绕企业和职工下功夫，真正让建功立业活动在促进经济社会发展、企业发展和职工全面发展上体现价值。要把开展建功立业活动与促进企业发展和职工进步结合起来，将活动的目标内容、工作机制、方式方法等融入企业生产、经营和管理之中，把“比学赶帮超”活动拓展延伸到企业的各个领域和环节，努力实现企业高质量发展与职工共同进步的双赢目标。要完善对企业开展建功立业活动的激励机制，对于给予活动大力支持的优秀企业经营者和积极参加活动表现优异的一线职工，推荐参评劳动模范和五一劳动奖章等，开展首席员工、工匠人才评选及创新成果、先进操作法命名，把职工参加活动取得的成果与职工职业资格认定、等级晋升结合起来，切实提高企业经营者和参与活动职工的获得感，让企业经营者和职工真真切切感受到活动给企业发展和职工成长带来的实实在在好处。

63. 如何进一步深化工会就业创业服务?

当前和今后一个时期，我国劳动力供求矛盾仍然突出，国际环境复杂多变，国内经济社会发展也面临一些新情况、新问题，我国就业形势依然严峻，任务十分艰巨。工会要充分运用自身政治优势、组织优势、群众优势、资源优势，在促进劳动者充分就业、平等就业、提高劳动者就业质量等方面发挥积极作用，为稳定职工就业贡献工会力量。

持续关注职工群体就业状况。当前就业领域不确定性、不稳定性因素增多。工会要密切关注就业形势，依托工会劳动关系监测平台，加强与高校、专业机构合作，及时了解掌握重点行业、重点地区企业用工和职工劳动经济权益状况。对可能出现规模裁员的企业，早预见、早介入，做好劳动关系处置和再就业帮扶，尽力把裁员影响降到最低。同时，主动与有关部门沟通，及时反映职工在就业岗位、工作时间等方面存在的问题，积极参与相关政策制定。

积极协助落实助企稳岗政策。市场主体是经济发展和就业增长的源头活水。当前国家各类社保降费缓缴、稳岗返还等惠企政策陆续出台。工会将加强跟踪调研，及时掌握重点行业、重点群体稳岗政策落实情况，协助做好政策微调。发挥工会媒体、各类宣传渠道作用，做好政策宣传解读，推动政策应知尽知。加大小微企业工会经费返还力度，配合政府部门抓好各项政策落实，助力企业纾困解难、稳岗扩岗。

不断创新工会就业创业服务。进一步丰富全国工会就业创业服务系列活动内容，加大工作推动力度，开展常态化、精准化的就业服务。依托各级工会就业服务平台、全国性人力资源机构就业招聘网站，开设大型专项招聘活动线上专场专区，推广运用直播带岗、远程面试等新型招聘模式，实现线上招聘活动不停歇。以“工会技能培训促就业行动”为主要载体，开展多元化、差异化的就业技能培训，缓解结构性就业矛盾。推广部分省市贴息贷款经验，孵化职工创新创业项目，解决创业者融资难、融资贵、租金贵等问题。开展“工会就业创业服务公益计划”，以服务职工就业项目为纽带，联系一批人力资源机构对接工会就业服务体系，在职工就业创业项目上开展公益合作，以创业带动就业。

做好重点群体就业援助。在全国范围内开展“困难职工家庭高校毕业生阳光就业暖心行动”，对困难职工家庭高校毕业生优先推荐岗位，优先落实政策，优先组织培训见习，优先提供指导服务，实现“一人一档”、“一人一策”。加强灵活就业服务，举办“工会进万家 新就业形态劳动者温暖行动”线上专场招聘会，邀请新业态领域头部企业、大中型国企和民企等，为新就业形态劳动者提供更多合适岗位，拓宽就业渠道。对特困行业转岗职工、就业困难群体，持续加强就业帮扶，协助政府落实兜底保障政策。

64. 如何进一步完善职工工资决定、合理增长、支付保障机制?

中国工会十八大提出，要用心用情做好维权服务工作，实现好、维护好、发展好职工群众的根本利益。要不断推动用人单位开展工资集体协商，完善职工工资决定、合理增长、支付保障机制，健全技术工人薪酬激励机制，促进企业内部分配进一步向一线职工、技术工人倾斜，助力实现共同富裕。

建立和完善以工资集体协商制度为主要形式的企业工资决定机制。各级工会要按照“市场机制调节，企业自主分配，职工民主参与，政府监控指导”的企业工资收入分配制度改革基本要求，推动建立和完善以工资集体协商制度为主要形式的企业工资决定机制，推动企业通过工资集体协商合理决定职工工资水平。以营造协商共识、提升协商能力，完善法律法规、健全相关机制为当前工资集体协商的主要任务，推动建立与我国社会主义市场经济相适应的、具有中国特色的工资集体协商制度。加强宣传，提高认识，增强职工参与工资集体协商的自觉性，促进职工全过程参与工资集体协商。加强协商主体建设，推动行业工会联合会，支持行业协会（商会）建设，把制定劳动定额标准、计件单价、工种指导价位等作为行业协商的重点，并以此为基础开展工资集体协商。

积极参与宏观分配体制改革，推动建立职工工资合理增长机制。推动最低工资保障制度的完善，在发展生产的基础上适时推动最低工资标准的提高，促进低收入岗位工资增长。推动工资指导线制度不断完善，加强对工资指导线的研究，提高其科学性和准确性，从制度上进一步把工资指导线和工资集体协商联系起来，明确企业开展工资集体协商必须以当地的工资指导线为基本依据。加强劳动定额标准制定和管理工作，推动政府劳动主管部门尽快制定出台有关政策措施规范企业劳动定额管理。促进消除各种形式的体制性障碍，建立统一开放的劳动力市场，实现同工同酬。推动消除行政性行业垄断，遏制垄断行业工资增长的趋势。

关注重点群体，加强监督检查，完善职工工资支付保障机制。要健全完善根治欠薪工作长效机制，重点解决建筑施工等领域拖欠农民工工资问题。贯彻落实《保障农民工工资支付条例》，推动健全完善根治欠薪工作长效机制，将易发生工资拖欠的行业、企业纳入重点监控范围。进一步强化法规政策教育宣传。落实欠薪报告制度，建立完善工会预防和推动解决拖欠工资问题的工作机制。加强工会在监督企业按时足额发放职工工资中的责任。要对最低工资制度、工资指导线制度、劳动定额管理等国家宏观调控手段提出明确要求。要将工资支付保障机制中行之有效的手段作为法律规定，并加大对拖欠工资行为的惩罚力度。要对工资集体协商作出更为详细和更具可操作性的规范。配合政府有关部门加大执法力度，加强对企业工资分配行为的监督检查，纠正延长劳动时间、不依法支付加班工资、违反或变相违反最低工资规定、拖欠工资等违法行为，加强对违法行为的处罚，加重企业的违法成本，减少职工因企业违法造成的收入损失。

65. 如何推动健全技术工人薪酬激励机制?

随着我国经济快速发展和产业转型升级步伐加快，技术工人在经济社会发展中占据了越来越重要的地位。党中央持续关心和着力解决技术工人的收入待遇问题，出台《关于提高技术工人待遇的意见》、《关于加强新时代高技能人才队伍建设的意见》等一系列指导性文件，指出要增加劳动者特别是一线劳动者劳动报酬。2023 年 10 月 23 日，习近平总书记在同全国总工会新一届领导班子成员集体谈话时强调，工人阶级和广大劳动群众是社会财富的主要创造者，推动全体人民共同富裕取得更为明显的实质性进展，首先要体现在亿万劳动者身上。这就要求工会推动健全技术工人薪酬激励机制，促进内部分配进一步向一线职工、技术工人倾斜。

开展以技术工人薪酬激励机制为重点的集体协商。集体协商是工会组织履行维权服务基本职责、推动完善企业工资决定机制、构建和谐劳动关系的基本工作制度。以技术工人薪酬激励机制为重点开展集体协商，既是提高技术工人待遇、推进产业工人队伍建设改革的有效路径，也是推动提高劳动报酬在初次分配中的比重、促进实现共同富裕的具体实践。各级工会要积极参与企事业单位有关具体政策的制定，通过工资集体协商，推动完善技术工人薪酬激励机制。

引导企业强化初次分配中的技能价值激励导向，推进职工技能要素和创新成果参与企业初次分配。建立基于岗位价值、技能水平和业绩贡献的技术工人薪酬分配制度，使技术工人的劳动报酬与技能等级、技术创新等劳动贡献紧密联系起来。通过设立“新八级工”技能津贴、制定职工技术创新和技能竞赛获奖激励办法、劳动模范和大国工匠等荣誉津贴，实现技高者多得、创新者重奖。

鼓励企业在工资结构中设置体现技术技能价值的工资单元，对关键技术岗位、关键工序和紧缺急需的技术工人实行协议工资、项目工资、年薪制等收入分配形式。指导企业深化内部分配制度改革，健全完善技能人才职业技能等级制度，引导企业将收入分配向一线骨干技术技能人才倾斜，采取股权分红激励等方式，提高生产一线岗位和技能人才薪酬待遇水平。

66. 如何进一步加强新就业形态劳动者权益保障?

中国工会十八大报告指出，要加强新就业形态劳动者权益保障，完善协商协调机制，推动平台企业合法规范用工、科学调整算法、完善劳动定额标准，推进职业伤害保障试点工作。进一步加强新就业形态劳动者权益保障，工会应做好以下几方面工作。

加大源头参与力度，推动涉及新就业形态劳动者等职工维权服务和工会领域的法律法规制定。继续推动涉及新就业形态劳动者权益保障的劳动法律立法、修法，积极参与规范新就业形态劳动者用工政策的制定，推动建立健全新就业形态劳动者权益保障地方性政策法规体系。

加强调查研究，加快推动行业明确劳动定额标准。贯彻落实《关于维护新就业形态劳动者劳动保障权益的指导意见》，科学确定劳动者工作量和劳动强度，通过“算法取中”等方式，合理确定订单数量、准时率、在线率等考核要素，推动平台企业合法规范用工、科学调整算法、完善劳动定额标准，让新就业形态劳动者有足够的休息时间。

完善协商协调机制，推进头部平台企业协商协调机制建设。引导互联网平台企业、关联企业与工会或劳动者代表协商确定劳动报酬。推动头部平台企业建立协商协调机制；推广地方在新就业形态领域构建协商协调机制的典型经验。

开展好新就业形态劳动者职业伤害保障试点，防范和化解新就业形态劳动者职业伤害风险。研究探索企业为新就业形态劳动者参加养老保险、医疗保险给予补助的办法。探索新就业形态劳动者参加工伤保险、失业保险办法。

67. 如何进一步推动提升职工社会保障水平？

中国工会十八大报告提出，要推动完善社会保险法规政策体系，促进多层次社会保障有序衔接，扩大覆盖面，提升保障水平。推动提升职工社会保障水平，工会应在以下方面发挥积极作用。

要源头参与国家和地方有关职工社会保障方面法律法规和制度政策的研究、制定和修改，推动完善社会保险法规政策体系。工会要充分反映职工群众的愿望和诉求，从源头上维护广大职工的社会保障权益，推动健全农民工、新就业形态劳动者等重点群体参加社会保险制度，打破灵活就业人员以个人名义加入社保的地域壁垒，完善城乡和区域间的社会保障制度衔接，推动实现应保尽保和法定人群全覆盖。

要推动并监督有关职工社会保障方面政策法规的贯彻执行，促进多层次社会保障有序衔接。督促企业、职工依法参加基本养老、基本医疗、工伤、失业、生育保险。与政府部门协同配合，加大监督检查力度，促进解决社会保障政策法规落实中的突出问题，推动完善企业职工基本养老保险全国统筹，健全基本养老、基本医疗保险筹资和待遇调整机制。提高医疗保险统筹层次，推进基本公共服务均等化，减少劳动力自由流动的后顾之忧。依法开展社会监督，推动建立社会保险监督委员会，及时掌握企业用工、参保等情况，及时了解职工群众社会保险权益的实现和保障状况，提出相应的对策建议。

要推动扩大社会保障覆盖面，提升保障水平。加强失业保险参保扩面工作，充分发挥失业保险基金在稳定和促进就业、加强职业培训、失业救助方面的积极作用。实现工伤保险的广覆盖，重点推动农民工、新就业形态劳动者等参加工伤保险。发挥工会互助保障重要补充作用，积极开展职工互助保障活动，实现与国家社会保障体系有效衔接，减轻职工大病医疗负担。有针对性地促进农民工、新就业形态劳动者、困难职工依法参保，推动解决职工漏保、断保、转移接续等问题，发挥工会拾遗补阙的作用，促进广大职工公平享有社会保障权益。

68. 如何进一步加强安全生产和职业健康工作？

中国工会十八大报告指出，要完善工会劳动保护监督机制，加强安全生产和职业健康工作，深化“安康杯”竞赛等群众性安全生产活动。安全是职工最基本的需求，生命安全与健康权是法律赋予职工的最基本的权利。工会要深刻领会习近平总书记关于安全生产和职业病防治的重要指示精神，牢固树立“人民至上、生命至上”理念，坚持“安全第一、预防为主”原则，切实督促企业落实安全生产主体责任，进一步加强安全生产和职业健康工作，有效维护职工的安全健康权益。

广泛宣传习近平总书记关于安全生产和职业病防治的重要指示精神，不断提升职工的安全意识和安全技能。要在职工中大力宣传党中央、国务院的重大决策部署以及法律法规、技术规范，引导企业和职工树立正确的安全价值观和行为准则。要充分发挥工会“大学校”作用，加强职业安全卫生知识教育培训，通过举办学习培训班、组织职工开展针对安全生产和职业病防治的“五小”活动、探索开展职工劳动保护技能竞赛等形式，充分调动职工群众参与安全生产和职业病防治的积极性，提高职工的事故防范、应急处置和自我保护能力。

积极开展群众性安全生产和职业健康活动，不断推动改善职工劳动条件。深入开展以“安康杯”竞赛为载体的群众性安全生产和职业健康活动，组织动员职工立足岗位开展隐患排查治理。加强安全型班组建设，协助企业充分发挥班组在企业安全生产与职业病防治中的基础性作用，把班组打造成为安全生产和职业病防治的第一道防线。加大隐患排查和治理力度，建立完善隐患举报奖励制度。鼓励企业在产业升级、发展人工智能和技能改造中，推动行业、企业制定和落实工作场所环境标准，为职工生产劳动创造更好条件。

充分发挥监督作用，督促企业履行安全生产主体责任和企业全员安全生产责任制。督促企业充分发挥职代会作用，推行安全生产和职业健康专项集体合同。加大对重点行业领域的劳动保护监督检查力度，做到工会劳动保护检查全覆盖，确保检查不留死角、不留盲区、不走过场。做好特殊条件、特殊环境下劳动保护工作，推动加强和规范高温、低温、有毒有害等特殊工作环境劳动者的职业健康保护。积极开展暑期“送清凉”活动，解决户外作业职工的实际困难。依法参加职工伤亡事故调查处理，旗帜鲜明维护伤亡职工的合法权益，提出工会组织的意见和建议。

69. 如何全面运用数字化技术，更多更好更及时服务职工？

中国工会十八大报告指出，要全面加快工会系统数字化建设，创建直达亿万职工群众、集成工会全部服务内容的服务终端；完善线上线下服务资源，强化线上线下融合，倍增服务能力和效果。近年来，新技术、新平台不断涌现，不仅衍生出众多新的就业形态和用工方式，也为传统工会的会员登记、福利发放、职工服务等会员管理和服务带来新机遇。全面运用数字化技术，更多更好更及时服务职工，工会要做到以下几点。

树立数字化理念、运用数字化手段，做到线上联系到职工、服务到职工。当前，互联网已经成为职工获取公共服务的重要平台，也是实现服务更加精准、更有温度的新载体。职工在线化是数字时代的显著特征。运用数字化技术服务职工，首先要适应职工在线化，树立网上联系职工、服务职工的理念，将服务平台移动化，通过移动端联系职工、服务职工。同时，要通过互联网、大数据的数字化手段，加快智慧工会建设，推进会员实名制，完善工会和职工基础数据库，通过服务获取数据，通过数据积累分析再度精准投放服务，实现“服务—数据”双向驱动，实现服务在线化，做到线上能够联系到职工、服务到职工。

开发有吸引力的工会网上服务项目。积极运用大数据、云计算、区块链、人工智能等新技术，强化服务对象、服务场景分析研究，创新服务内容，优化服务资源配置，用心设计、开发优质项目，让工会的服务项目能够吸引到职工。建设一套“全国标准+各地特色”的集成式服务内容，包括全国通行的标准服务和各地因地制宜的特色服务，推动各级工会以全国总工会数字化平台为枢纽，积极开展服务内容和服务模式创新。

结合线下实体落实服务项目。以智慧工会技术支撑体系为基础，创新线下组织方式，尝试使职工更方便、快捷享受服务、参加活动，形成线上线下共同推进的格局。完善线上线下服务资源，探索跨区域、跨省域、全国共享的在线普惠服务项目，加快创建线上工会、云上课堂、线上援助、数字展馆等一系列线上、云上产品和服务，构建总体标准统一、部分创新差异的跨层级、跨地域、跨行业的全国数字工会“一张网”。

70. 如何进一步推进职工服务阵地建设?

职工服务阵地是工会管理、使用的各级各类直接为职工服务的场所。要坚持以职工为中心，坚持公益性服务性方向，按照“突出公益、聚焦主业、自主经营、依法监管”的工作要求，推动职工服务阵地向高品质和多样化升级，更好发挥工人文化宫、职工书屋、工人疗休养院、职工互助保障组织等服务职工的作用。

建好用好管好职工文化阵地。根据现有工人文化宫、职工学校、工会干部院校等资产阵地实际和本地区职工需求，科学规划、统筹安排，合理确定建设规模和功能布局。优先盘活存量，坚持鼓励恢复重建、倡导维修改建、规范控制新建的工作方针，突出建好用好现有工人文化宫、工会院校等，恢复并完善其主业功能。坚持职工属性和工会属性，突出意识形态属性，正确处理政治定位与经济效益的关系，坚持把社会效益放在首位，努力实现社会效益和经济效益的统一。健全工人文化宫标准体系，贯彻落实《全国标准化工人文化宫指导标准（试行）》，发挥引领示范作用。以县级工人文化宫建设为重点，逐步推动经济较发达、职工人数多的县（县级市）工人文化宫建设全覆盖，把县级工人文化宫打造成综合服务阵地。

创新发展职工疗休养院工作。按照因地制宜、分类施策、回归职能、做精做优的要求，重点抓好工人疗休养院重点业务领域工作，做强做优劳模疗休养基地、职工医疗康复定点机构、职工健康管理中心三大品牌。突出职工疗休养服务品牌建设，制定《关于规范开展技术工人休疗养活动的意见》，开展优秀技术工人休疗养活动。制定《关于规范职工疗休养事业高质量发展的指导意见》，争取每个省（区、市）都有一家具有区位和资源优势、具有特色医疗服务和较强接待能力的工人疗休养院。推进工人疗休养院改革发展，提升综合服务水平。推动职工旅行社、工会宾馆等积极承担劳模、职工疗休养等公益服务业务。

充分发挥职工互助保障组织作用。着力提升职工互助保障组织建设，提高统筹层级，推动实现省级统筹或省级管理。加强职工互助保障组织运营管理制度体系建设，规范财务和资金管理，防范和化解运营风险。发挥全国职工互助保障组织行业自律管理委员会的作用。开展提质扩面行动，推动提升职工互助保障活动的覆盖面和受益面。

71. 如何进一步加强和规范工会户外劳动者服务站点建设?

中国工会十八大报告提出，以实施双15工程为牵引，加强和规范工会户外劳动者服务站点建设。建设工会户外劳动者服务站点是工会履行维权服务基本职责，着眼推动解决户外劳动者的急难愁盼采取的一项有力举措，方便了户外劳动工作者，得到了职工群众和社会各界的好评。我们要强化组织领导，加大投入力度，推动服务站点建设实现从“有没有”到“好不好”的转变。

继续扩大站点覆盖。积极争取政府有关部门支持，引导各种社会资源协同共建，统筹推动服务站点建设、管理、运维等工作。完善全国总工会户外劳动者服务站点建设专项工作组相关机制，开展全国服务站点规划设计，推进服务站点工作管理平台开发，推动相关单位和平台企业在项目、资金、阵地等方面提供帮助支持。坚持因地制宜，在解决基本需求前提下，根据现实条件合理设置功能，宜多则多、宜少则少，以标准促规范、以规范促提升，防止出现不切实际的“形象工程”和“空壳站点”，确保既建得好，又管得好，更用得好。

持续提升服务质量。聚焦解决好户外劳动者吃饭难、喝水难、休息难、如厕难等“关键小事”，更好为他们撑起“遮阳伞”、“防护伞”。继续做好服务站点上图工作，解决户外劳动者“不清楚、找不到”的问题。指导各级工会持续提升服务站点服务的针对性、实效性，增强服务均衡性和可及性。紧贴户外劳动者多样化差异化需求，多听他们的呼声，多想他们的所盼，完善服务设施，丰富服务功能，提升服务质量和专业水平，让更多的户外劳动者想进来、进得来、经常来，努力把服务站点建设成户外劳动者离不开的爱心驿站、靠得住的温馨港湾。

持续加大推广力度。组织开展“工会户外劳动者服务站点”推树、短视频微视频展播等活动，提高知晓度和美誉度，把服务站点打造成让党和政府认可、让职工满意、让工会出彩的优秀工作品牌，推动服务站点在数量上增加、在范围上拓展、在功能上增强，成为党的政策理论的宣传站、帮扶困难职工的前哨站、传递爱心的接力站、补充能量的中转站。

72. 如何推动巩固城市困难职工解困脱困成果与提高职工生活品质相衔接？

推动城市困难职工解困脱困是党中央交给工会的一项重要政治任务。对于工会来说，完成城市困难职工解困脱困目标任务不是终点，而是更好服务广大职工的新起点。在迈向全面建设社会主义现代化国家新征程中，要把巩固拓展城市困难职工解困脱困成果、提升职工生活品质、促进实现共同富裕摆在工会工作更加重要的位置，不断增强职工群众获得感、幸福感、安全感。

进一步巩固城市困难职工解困脱困成果。保持主要帮扶政策总体稳定，坚持“脱困不脱政策”，在解困脱困 5 年过渡期内各项帮扶政策力度不减、措施不变，严格落实“四个不脱”要求。重点完善医疗、教育、就业等帮扶措施，兜底救助类帮扶政策要继续保持稳定。健全防止返困动态监测机制，加强对困难职工家庭生活状况监测预警，重点对脱困不稳定户、边缘易致困户，以及因病因灾因意外事故等导致基本生活出现严重困难的职工家庭，实施常态化监测，定期检查、动态管理。构建多层次常态化帮扶新格局，加强职工困难帮扶项目管理，将工作重点由帮扶“困难职工”转向帮助解决“职工困难”，建立困难帮扶、送温暖走访、互助保障相互衔接、层次清晰的帮扶工作格局，把相对困难、意外致困等困难职工家庭纳入帮扶范围。

持续提升职工生活品质。深化工会就业创业服务，广泛开展工会就业创业系列服务活动月、“阳光就业暖心行动”，积极开展就业技能培训，促进职工享有更稳定的工作。积极推动落实完善收入分配的各项政策，参与推动劳动标准体系的建立，指导企业依法开展工资集体协商，健全反映劳动力市场供求关系和企业经济效益的工资决定和合理增长机制，促进职工享有更满意的收入。推动完善职工社会保险制度，健全分层分类的社会救助体系，将困难职工帮扶纳入社会救助体系，促进职工享有更可靠的社会保障。以提升职工生活品质为目标，以满足职工需求为导向，着力打造一批服务职工基地，培育一批社会资源和力量，形成一批服务职工创新模式，建成示范性好、辐射功能强的服务型、枢纽型、高质量服务职工综合体和职工生活幸福、环境良好的企业样板，健全以点带面、示范引导联系广泛、服务职工的工会工作体系。开展提升职工生活品质试点工作，指导各地工会开展省级工会帮扶中心试点，开展省级企业提升职工生活品质试点。

73. 如何进一步加强工会农民工工作？

党的十八大以来，习近平总书记多次强调工会要着力做好农民工工作，使农民工在工业化、城镇化的过程中成为工人阶级坚定可靠的新生力量，成为我们党执政的社会基础。要增强政治责任感和使命感，履行工会职责使命，用心用情做好农民工工作，在起点上全面推动工会农民工工作高质量发展。

强化对农民工的思想引领。积极宣传习近平新时代中国特色社会主义思想，引导广大农民工坚定不移听党话、跟党走。宣传党和政府关心关爱农民工的政策措施、工会为农民工服务工作的好经验好做法，加强舆论引导。适应新生代农民工思想活跃、精神文化需求迫切、利益诉求多元的实际，创新工作方式载体，提高运用互联网组织引导服务农民工的本领。继续推动农民工当选各级党代表、人大代表、工会委员，具备条件的工会领导班子中增设农民工兼职副主席。加大农民工当选大国工匠、全国劳动模范的比例，提升农民工社会地位。

切实维护农民工劳动经济权益。及时分析研判经济发展新常态下劳动关系发展态势，针对农民工就业培训、收入分配、社会保险、融入城市等方面遇到的困难和问题开展调查研究，摸清底数，研究对策，积极参与涉及农民工利益的法律法规和重大政策的制定并推动实施。配合有关部门对农民工工资支付、社会保险、安全生产和职业健康等开展督导检查，推动落实农民工欠薪报告制度，协助政府部门做好根治欠薪工作。扩大农民工社会保险覆盖面，落实社会保险待遇。研究制定《关于深化工会参与尘肺病防治工作的意见》、《关于进一步加强工会劳动保护工作的意见》，深化以“安康杯”竞赛为载体的群众性安全生产活动，维护农民工安全健康合法权益。

提高服务农民工质量水平。利用网络平台，打造服务职工的新媒体矩阵和方便快捷、务实高效的服务通道。依托“技能培训促就业”、“阳光就业暖心行动”、“医疗互助活动”、“送温暖”、“金秋助学”等工会品牌活动，多渠道多层次多角度为农民工提供就业、教育培训、工资支付保障、社会保障、劳动安全卫生等服务，加大对困难农民工帮扶救助力度。推动农民工平等享受城市基本公共服务，推动实现非户籍人口在城市落户。继续丰富农民工精神文化生活，支持和鼓励全总文工团、职工艺术团等到农民工集中地慰问演出，推动文艺下基层活动和向基层送文化活动。加大“司机之家”、“爱心驿站”等工会户外劳动者服务站点建设力度，切实解决货车司机、环卫工人、快递员等农民工群体工作中的实际困难，继续组织开展关爱农民工子女主题活动，在全社会营造关心关爱农民工的浓厚氛围。

74. 如何更好维护女职工合法权益和特殊权益?

依法维护女职工的合法权益和特殊权益，切实保障女职工在国家政治、经济和社会生活中的平等地位和各项权益，是党和国家的一贯政策，是全社会的共同责任，是工会女职工组织的基本职责。做好这项工作，对于维护社会稳定，推动男女平等，促进我国女职工进步与发展有着十分重要的意义。

加强源头参与，建立女职工维权工作机制。工会女职工组织必须加强源头维护机制建设，这是有效维护女职工权益的根本途径。要以《妇女权益保障法》、《民法典》、《劳动法》、《劳动合同法》、《女职工劳动保护特别规定》等法律法规为依据，从宏观和微观两个层面做好维权工作。积极参与国家和地方有关法律法规政策的研究制定，推动地方出台《女职工劳动保护特别规定》实施办法，推动涉及女职工权益的法律法规纳入国家和地方的立法规划。工会组织中的人大代表、政协委员要及时反映女职工权益方面的突出问题，提出建议。积极参与平等协商和签订集体合同工作，将女职工特殊权益的具体内容纳入集体合同和女职工权益保护专项集体合同（专章/附件）。

开展普法宣传，营造全社会关注女职工权益的良好氛围。工会女职工组织必须把加强对女职工的普法教育作为一项重要工作内容，采用多种方式向女职工宣传法律知识，增强女职工的法治观念，自觉遵守国家的法律法规和用人单位的规章制度，了解法律法规所赋予的权利。加大向全社会宣传女职工权益保障法律法规的力度，定期开展普法宣传活动，不断优化维护女职工权益的法治环境，提高包括党政领导干部、工会干部、用人单位管理者等在内的全社会成员对国家保护女职工权益法律法规的认知程度。

开展法律监督，推动法律法规的贯彻落实。工会女职工组织对有关法律法规的贯彻落实情况要深入调查研究，及时准确地反映情况。加强与政府、行政部门的沟通合作，主动配合人大、政协及有关部门开展执法检查，对于检查中发现的问题，督促政府有关部门予以解决，督促违法用人单位进行整改，杜绝侵权现象发生。将女职工权益维护工作纳入工会群众性法律监督网络体系，与司法监督、行政监督和社会舆论监督结合起来。开展联合调查进行监督，常态化做好维权典型案例评选、联合专项执法检查、工会劳动法律监督，及时推动侵犯女职工权益案件调查处理。

整合社会资源，共同做好维护女职工权益工作。工会女职工组织要加强与社会各方面的沟通、联系和配合，借助社会各方面的力量和资源，协调内外关系，积极探索社会化维权的新方式、新途径、新举措，推动并逐步形成党委领导、政府重视、各方支持、工会运作、女职工参与的工作格局，使工会女职工组织的维权力量不断加强、领域不断拓展，切实保障女职工的合法权益和特殊权益。

75. 如何进一步加强工会系统援藏援疆工作?

中国工会十八大报告指出，要加强工会系统援藏援疆工作。深入贯彻党的治藏方略、治疆方略，开展对口援藏援疆工作，是工会履行维护职工合法权益、竭诚服务职工群众基本职责的必然要求。各级工会要充分认识对口援藏援疆工作的重大意义，铸牢中华民族共同体意识，提高政治站位、增强政治能力，切实增强工作的责任感使命感紧迫感。

深入开展文化交流活动。要持续深化“中国梦·劳动美”主题宣传教育，推动社会主义核心价值观融入生产生活，引导各族职工深刻认识国家好、民族好，大家才会好。要更好发挥职工书屋作用，面向各族职工开展丰富多彩的读书活动。要充分发挥工人文化宫等文化阵地作用，开展多种形式的职工文体活动，培养各族职工健康科学的生活方式，用先进文化浸润各族职工思想，引导各族职工群众不断增进对中华文化的认同。

加大人才交往交流力度。要有计划地组织内地劳动模范、先进人物、职工群众、工会干部赴西藏新疆学习、调研、教学、疗休养；支持西藏新疆工会组织工会干部、劳动模范、一线职工到内地参观、学习、交流，了解祖国内地的发展变化。要充分挖掘、整理、宣传各族职工交往交流交融的历史事实，培育一批爱党爱国、爱疆爱藏、促进民族团结进步的职工典型。要关心关爱在内地就业工作生活的西藏新疆少数民族职工，通过走访慰问、技能培训、困难帮扶等方式，使他们能够安心就业，融入当地。

不断提升维权服务水平。要聚焦改善民生，着力解决各族职工群众最关心最直接最现实的利益问题和最困难最操心最忧虑的实际问题。要健全困难职工帮扶机制，做好返贫职工和新发生贫困职工帮扶工作。要加大就业援助力度，结合有劳动能力的西藏新疆困难职工意愿和内地企业需求，推动西藏新疆困难职工外出务工。要广泛组织职工参加工会开展的医疗互助保障活动，提高各族职工医疗保障水平。要结合高海拔、低温等作业环境，有针对性地加强劳动保护工作，切实保障西藏新疆职工职业安全健康。

着力增强工会发展能力。要注重在基层一线和少数民族职工中发现培养工会干部，建设高素质专业化干部队伍。要帮助西藏新疆各级工会健全基层组织，增强基层活力，完善基础设施，提高基本能力。要支持西藏和新疆工人文化宫、职工服务中心等完善功能设施、加强维护管理，提高服务职工能力。要制订西藏新疆工会干部队伍培养培训计划，深化“送教到基层”活动，有针对性地加强对西藏新疆工会干部特别是年轻干部的培养锻炼。

76. 如何做好工会定点帮扶助力乡村振兴工作？

在巩固拓展脱贫攻坚成果的基础上全面推进乡村振兴，是接续推进脱贫地区发展和群众生活改善的必然要求，是党中央着眼全面建成社会主义现代化强国作出的重要战略部署。作为党联系职工群众的桥梁和纽带，工会要充分发挥好组织优势、制度优势、资源优势、群众优势，为全面推进乡村振兴、实现农业农村现代化贡献力量。

聚焦产业振兴。发挥工会优势，积极协调各方资源，继续帮助定点帮扶地区发展新兴产业。持续推动定点帮扶地区重点项目建设投产进度，结合定点帮扶地区的资源禀赋、产业基础、区位条件，继续支持创建优势特色产业集群，积极培育特色优势产业。

聚焦人才振兴。举办治理能力、素质能力提升等培训班，培训县乡村基层干部，接续打造“不走的工作队”。加大振兴带头人培育工作，积极参与合作社负责人、乡村振兴带头人、新型职业农民等乡村人才的培训工作。实施劳动技能培训项目，帮助有劳动能力的群众提升技能水平和就业能力。

聚焦文化振兴。坚持志智双扶，组织劳动模范和大国工匠到定点帮扶地区进行宣讲，大力弘扬劳模精神、劳动精神、工匠精神，激发当地群众自力更生、勤劳致富的内生动力。积极推动定点帮扶地区工人文化宫的建设、管理和改革发展，帮助改善公共文化基础设施，满足群众文化活动需求。通过援建公共文化设施、丰富基层文化生活、举办相关活动等，帮助定点帮扶县加强农村思想道德建设，营造良好社会氛围，推进农村移风易俗。持续开展非物质文化遗产保护与传承工作，加大对文旅资源和典型经验宣传报道力度。

聚焦生态振兴。坚持以普惠性、基础性、兜底性民生建设为重点，支持农村道路、供水、用电、住房安全等领域小型基础设施建设，改善农村生产生活条件，努力让农民逐步过上现代文明生活。支持农村改厕涉及的供水保障和污水处理、生活垃圾的收集转运以及村庄公共环境整治，持续整治提升农村人居环境。

聚焦组织振兴。组织工会与定点帮扶地区县、镇、村党支部开展结对共建，通过共同开展党日活动、同上党课等方式，帮助建强“两委班子”，帮助干部群众更新发展观念。筹措资金物资帮助结对村建设生产生活设施、发展产业项目，帮助改善农村人居环境，发展壮大村集体经济。持续推进乡村振兴示范点建设，充分发挥以点带面、示范引领作用。指导驻村第一书记继续推进数字乡村建设，丰富乡村综治等应用服务，推动提升乡村治理能力水平。

77. 如何进一步推动构建和谐劳动关系?

劳动关系是生产关系的重要组成部分，是最基本、最重要的社会关系之一。劳动关系是否和谐，事关广大职工和企业的切身利益，事关经济发展与社会和谐。工会是构建和谐劳动关系的重要推动力量，必须准确把握我国劳动关系的性质特点和构建和谐劳动关系的目标任务，积极做好协调劳动关系工作。

积极参与劳动法律法规和政策规章的制定。及时全面反映职工群众的愿望诉求和工会的意见主张，积极配合做好人大执法检查、政府行政监察和政协视察，推动劳动法律法规和规章政策的贯彻执行。

加强协调劳动关系三方机制建设。推动国家协调劳动关系三方定期召开会议，召开全国和谐劳动关系创建示范经验交流会。充分发挥协调劳动关系三方机制作用，探索行业和谐劳动关系创建活动试点。推动政府和工会联席会议制度规范化常态化发展，健全工作机制，合理设置议题，增强实效性。

抓好劳动关系发展态势监测。坚决有力防控风险，盯紧重点地区、重点行业、重点职工群体和重点节点，全面开展排查化解，建立劳动关系动态监测和形势分析研判制度，重点监测企业劳动用工、规模裁员、工资支付等方面的劳动法律法规的贯彻落实情况。加强对劳动关系领域热点、难点问题的研究，有针对性地提出促进劳动关系和谐发展的政策建议。

加大劳动争议和纠纷的调处力度。积极探索新时代劳动领域“枫桥经验”，深化新时代和谐劳动关系创建活动，推进“工会+法院+人社+司法”联动机制，努力化解劳动领域的矛盾纠纷，为维护劳动领域政治安全奠定坚实基础。

78. 如何进一步加强企事业单位民主管理制度建设?

中国工会十八大报告指出，要加强企事业单位民主管理制度建设。把企事业单位民主管理作为发展全过程人民民主的重要形式，努力推动以职工代表大会为基本形式的企事业单位民主管理制度落实落地。推动国有企业加强民主管理、充分发挥职工群众主人翁作用，促进非公有制企业建立健全民主管理，提高职工群众创造性和企业竞争力。

强化源头参与。落实《宪法》原则精神和《工会法》等有关企业民主管理的规定，推动《企业民主管理规定》修订，加快全国性企业民主管理立法进程。加强调查研究，总结规律特点，不断推动完善企业民主管理的政策措施。积极配合人大开展执法检查，加大监督力度，促进有关企业民主管理的法律法规落实落地。通过政府与同级工会联席会议研究企业民主管理工作相关议题，推动企业民主管理工作创新发展。

完善体制机制。加强党对企业民主管理的统一领导，坚持“党委统一领导、党政共同负责、有关方面齐抓共管、职工群众广泛参与”的领导体制和工作格局，加强工会与人力资源社会保障、国资委、工商联等相关单位的协同配合，强化厂务公开协调领导机构职责，努力健全省、市、县三级厂务公开协调领导体系，夯实体制机制工作基础。

加强分类指导。针对国有企业，坚持国有企业普遍建制，推动企业民主管理制度写入国有企业公司章程、有效融入法人治理结构，纳入党委巡视、党建目标考核，实现国有企业民主管理工作提质增效。针对非公有制企业，把民营企业民主管理作为重点，坚持因企制宜、分步推进，大胆探索其任务、形式和渠道。对具备单独建制条件的企业，常态化推动职代会、厂务公开建制行动，不断扩大建制覆盖。针对小微企业，发挥区域性、行业性工会联合会作用，大力推行区域性、行业性职工代表大会制度。针对新业态企业，大力推动头部企业同步建会建制，营造氛围，打造样板。

79. 如何加强维护劳动领域政治安全体系和能力建设?

中国工会十八大对加强维护劳动领域政治安全体系和能力建设提出明确要求，要着眼统筹发展和安全，强化维护劳动领域政治安全体系和能力建设，维护劳动领域政治安全。

一要深入贯彻落实总体国家安全观，以“时时放心不下”的责任感做好劳动领域政治安全工作，提高政治站位，增强忧患意识、坚持底线思维，发扬斗争精神、增强斗争本领，坚决防止敌对势力借所谓“维权”插手煽动、渗透破坏，坚决防止所谓“独立工会”、“民间工会”的出现，坚决维护职工队伍和工会组织的团结统一，坚决维护企业和社会大局和谐稳定，坚决捍卫中国共产党领导和我国社会主义制度，不断巩固党长期执政的阶级基础和群众基础。

二要健全完善工会维护劳动领域政治安全机制，建强用好部委协同机制和地方联动机制，做实下沉地方联动机制，建立健全统一指挥、各方协同、纵横连通、实时高效的工作体系，有效汇聚起维护劳动领域政治安全的合力。认真贯彻加强工会维护劳动领域安全稳定体系和能力建设的意见，加强工作体系和制度建设，着力形成覆盖全面、重点突出、渠道畅通的工作网络，坚持日常和定期沟通协调，强化应急、处置管理，及时总结试点经验，加强信息员队伍建设，加大考核评价力度，优化考核指标，改进考核方式，强化结果运用，抓好问题整改，不断提升 10 项机制的耦合成效，努力把各项要求落到实处。

三要牢固树立防抵渗透意识，健全职工国家安全、劳动领域政治安全教育制度，提高职工国家安全意识，教育引导职工对敌对势力的渗透破坏保持高度警觉，更加自觉积极主动地参与到维护劳动领域政治安全中来，筑牢维护劳动领域政治安全的职工防线。

80. 如何有效防范化解劳动领域重大风险隐患?

当今世界百年未有之大变局加速演进，我国发展进入战略机遇和风险挑战并存、不确定难预料因素增多的时期。新形势下，维护劳动领域政治安全和职工队伍稳定面临新挑战，需要我们坚决落实党中央防范化解重大风险的决策部署，始终绷紧维护劳动领域政治安全这根弦，充分认识维护劳动领域政治安全的重要性和紧迫性，以高度的责任感和使命感做好防范化解劳动领域重大风险隐患工作。

一要加强工会劳动关系风险监测预警平台建设。健全劳动关系风险监测、分析、预防、处置机制，完善数据采集、研判分析、形成报告、信息报送、效果反馈等全流程工作机制，打造来源可靠、覆盖广泛、运行顺畅、反应迅速的工会劳动关系监测系统，建设具有工会特色的劳动关系数据库，提高预警体系的针对性与有效性。

二要把劳动关系矛盾隐患化解在基层一线、消除在萌芽状态。坚持和发展新时代“枫桥经验”、“浦江经验”，密切关注降薪裁员、欠薪欠保、劳资纠纷、生活困难等可能引发的突出风险，实现重大矛盾隐患早关注、早发现、早会商、早解决。加强劳动争议多元化解，积极推进“法院+工会+人社+司法”四方联动机制建设，构建劳动争议受理、调查、协调、调解、签约、结案、回访、归档等一体化业务标准体系，畅通劳动者诉求表达、利益协调和权益保障通道，下好先手棋，打好主动仗。

三要建立健全全国工会“12351”职工维权服务热线。通过数字化、智能化方式，加强工会热线呼叫整体系统建设，实现关口前移、预防为先、源头化解，及时有效解决职工关心的问题，把全国工会“12351”职工维权服务热线打造成新时代工会系统及时、高效解决职工群众急难问题的重要渠道和亮丽品牌。

四要做好工会信访工作。运行维护好全国工会信访工作信息平台，加强工会信访问题源头治理、风险预警和应对处置，推动矛盾纠纷及时化解，为维护劳动领域政治安全赋能增效。将工会信访工作作为全国工会系统机关干部赴基层蹲点的一项重要工作内容，不断提高源头防治水平，严格落实各级工会领导干部包案制，积极推动化解重点职工信访案件、重复信访事项和信访积案，推动治理重复信访、化解信访积案工作常态化、长效化、制度化。

81. 如何深化工会社会组织工作?

习近平总书记多次对社会组织发展作出重要指示批示，强调在具备条件的社会组织中建立工会等群团基层组织。各级工会要认真贯彻落实习近平总书记要求，持续扩大工会对社会组织的有效覆盖，集中力量攻坚，补短板、强弱项，更广泛地把社会组织职工吸引到工会中来，团结凝聚在党的周围。

一要依照法律和工会章程，根据社会组织规模结构、人员构成等实际情况，因地制宜、分类指导，采取单独建、联合建，行业覆盖、区域兜底等灵活多样的方式，充分利用互联网手段，积极推行手机“扫码”入会、网上入会等方式，拓宽入会通道，持续推动社会组织依法建立工会、职工广泛入会，并加强社会组织工会规范运行。

二要聚焦社会组织职工的实际需求，加强对社会组织的联系引导，坚持建会入会与维权服务一体推进，聚焦社会组织职工最困难、最操心、最忧虑的实际需求，完善工会法律援助服务、劳动法律监督、集体协商、民主管理等体系，健全职工代表大会制度，畅通社会组织职工利益诉求表达渠道。注重对职工的人文关怀和心理疏导，做好“送温暖”、“金秋助学”等帮扶工作，为社会组织职工提供更多接地气、暖人心、更优质的服务项目，增强工会对社会组织职工的吸引力凝聚力。

三要培育孵化工会主导的社会组织，接长手臂、形成链条，加强对劳动关系领域社会组织的政治引领、示范带动和联系服务，通过项目合作、购买服务等社会化、市场化方式，引导社会组织为广大职工提供专业化服务。通过设立专项资金、定额补助、项目补助等方式，加大对社会组织工会建设的经费支持力度。

四要加强与党委组织、统战、两新工委和民政等党政部门的沟通协作，推动将社会组织工会工作纳入当地社会建设和社会治理规划、政府购买服务政策、社工专业人才队伍建设、基层党群服务阵地等，争取源头参与、信息共享、政策支持和工作协同，形成各司其职、齐抓共管的工作合力。

82. 如何加强互联网企业、平台企业工会工作?

当前，互联网、大数据、云计算、人工智能、区块链等新技术深刻演变，产业数字化、智能化、绿色化转型不断加速，智能产业、数字经济蓬勃发展，极大改变了全球要素资源配置方式、产业发展模式和人民生活方式，同时也加速了劳动关系的演变。互联网企业特别是平台企业在用工方式、组织架构等方面与传统领域和传统行业有明显区别，对做好工会工作提出了新的要求。

加强建会入会工作。进一步深化“重点建、行业建、兜底建”模式，开展新就业形态劳动者入会集中行动，巩固互联网百强企业建会成果，推进互联网企业、平台企业扩面提质。发挥新业态工会联合会直接发展会员的作用，推进网上入会、“扫码”入会等方式，吸收新就业形态劳动者入会。

强化职工权益保障。推动明确互联网平台企业保障劳动者权益的主体责任，引导互联网平台企业、关联企业与工会或劳动者代表协商确定劳动报酬、工作时间、休息休假、福利待遇、劳动保护、规章制度等事项，开展新就业形态就业人员职业伤害保障试点。突出平台企业主体作用，深入开展新时代和谐劳动关系创建活动，着力推进新就业形态劳动者权益协商协调机制建设，探索创新与平台企业相适应的民主管理工作内容、方法和机制，保障职工的知情权、参与权、表达权和监督权。

提升服务职工水平。持续开展“新就业形态劳动者温暖服务季”活动，推行网上普惠服务精准化，推进工会服务站点双15工程、“司机之家”等服务阵地建设。将“线上”和“线下”相统一、“键对键”与“面对面”相结合，深入开展“送温暖”、法律援助、医疗救助等维权服务，特别是针对互联网企业、平台企业年轻人集中的特点，面向他们提供人文关怀、心理疏导、婚恋交友、体育健身等差异化服务。

83. 如何加强对基层的指导和帮扶?

基层工会直接联系和服务职工群众，是工会全部工作的基础，是落实工会各项工作的组织者、推动者和实践者。新征程上加强基层工会建设，是巩固党执政的阶级基础和群众基础的必然要求，是动员广大职工积极投身改革、实现中国梦的迫切需要，是服务职工、维护职工合法权益、构建和谐劳动关系的重要保障，是加强工会自身建设、增强工会组织活力、推进国家治理体系和治理能力现代化的客观需要。

加强工作协同协作。继续深化工会改革和建设，牢固树立大抓基层的鲜明导向，夯实基层基础，激发基层活力，不断增强基层工会的引领力、组织力、服务力。健全基层工会与上级工会机关协调沟通机制，畅通信息传递、工作协同通道，形成上下齐心推动基层工作的合力。持续深化工会领导机关干部赴基层蹲点工作，调研问路、“解剖麻雀”，摸底数、查实情，听诉求、找症结，针对基层出现的新情况、新问题，提出可操作性的指引和指南。尊重基层创新实践，把基层探索实践的好经验、好办法挖掘出来，及时总结一批可复制可推广的经验，发挥示范引领作用，对看得准、有共识、行得通的及时巩固提升到政策层面，形成推进基层工会工作提质增效的务实举措。

加大资源倾斜力度。深度整合乡镇（街道）、开发区（工业园区）、村（社区）、企业（楼宇、商圈）的各类阵地资源，推动建立共享职工之家，统筹打造工会服务阵地，让广大职工了解工会、熟悉工会，从而吸引更多职工加入工会。提升基层工会组织在“两代表一委员”、劳动模范、五一劳动奖章等推荐评选中的建议权，激发基层做好工作的主动性。

健全基层组织体系。发挥产业工会在基层工会建设中的作用，推动在新就业形态劳动者、农民工较多地区和单位建会，加强区域（行业）工会联合会建设，引导各地建立一批示范性工会联合会，使基层工会建起来、转起来、活起来。完善“小三级”工会组织体系，指导“小三级”工会模范职工之家创建工作，建立健全纵横交织、条块结合的工会组织体系。

加强对基层工会干部培训轮训。把工会干部培训的重点放在基层工会干部特别是年轻干部身上，通过举办专题培训班等形式，有针对性地做好分层分类轮训，提升工会干部能力水平。从解决经费保障、岗位开发设置、人才评价和教育培训等事项入手，加强工会社会工作专业人才队伍建设，为基层工会开展工作提供助力。

84. 如何推进工会工作法治化？

中国工会十八大报告明确提出要贯彻全面依法治国部署要求，大力推进工会工作法治化。工会工作法治化建设是法治国家、法治政府、法治社会一体建设的重要组成部分，必须在工会组织和工会干部中大力弘扬法治精神，坚持在法治轨道上开展工会各项工作。

坚持依法建会，帮助和指导职工依照法定条件和法定程序建会入会，通过会员大会或会员代表大会民主选举产生各级工会委员会和工会经费审查委员会，建立女职工委员会，开展工会委员会换届及工会组织变更、合并、撤销。坚持依法管会，健全会籍管理、工会活动、工会经费和财产管理等各项规章制度，依法管理和使用工会经费和财产，对工会规章制度和规范性文件进行合法性审查。坚持依法履职，组织召开企事业单位职工代表大会，帮助和指导职工签订劳动合同，代表职工签订集体合同。坚持依法维权，依照劳动法律法规，维护职工平等就业和选择职业、取得劳动报酬、休息休假、获得劳动安全卫生保护、接受职业技能培训、享受社会保险和福利等各项权益，依法纠正企事业单位违反民主管理制度的行为，为职工提供法律服务、法律援助，丰富职工群众文化生活，促进职工舒心工作、体面劳动。

引导工会干部树立法治观念，养成遇事找法、办事依法、解决问题靠法的法治思维，作决策、办事情都要有法律依据、讲法律程序，在宪法法律范围内开展各项活动。推动工会干部掌握法治知识，完善工会干部学法用法制度，鼓励支持基层工会工作者通过岗位培训、学历教育等形式接受法律知识专业教育，促进工会干部熟练掌握涉及职工切身利益和工会活动的法律知识，学好用好《工会法》、《中国工会章程》等法律法规，切实提高依法开展工作的能力，善于运用法治方式解决各种劳动关系矛盾和问题，把法律原则和法律规范熟练运用于维护职工权益的法治实践。有计划地培养和引进法律专业人才，壮大工会劳动法律监督员、劳动保护监督检查员、劳动争议调解员、兼职仲裁员等工会法律人才队伍，加快工会公职律师队伍建设，推行工会法律顾问制度，搭建社会化职工法律服务平台，借助社会资源为工会维权事业服务。

85. 如何推动进一步完善劳动法律法规体系？

《工会法》规定，国家机关在组织起草或者修改直接涉及职工切身利益的法律、法规、规章时，应当听取工会意见。推动和参与涉及职工切身利益的法律法规政策制定修改，是法律明确规定的工会职责，是工会维护职工合法权益、竭诚服务职工群众的有效途径。

各级工会要充分发挥自身特点和优势，积极组织和代表职工群众推动和参与国家和地方立法机关、政府及其相关部门开展的涉及职工切身利益的法律、行政法规、部门规章、地方性法规、地方政府规章的制定和修改，提出意见建议。

主动参与劳动法律法规体系的制定修改。推动和参与立法规划的制定完善，参与法律法规规章草案起草工作，加强对立法规划计划和劳动领域热点难点问题的研究分析，配合做好国家机关立法意见征求工作，支持人大代表和政协委员提出立法建议，建立健全协助各级立法机关工作机制，健全与政府及相关部门联系沟通制度，充分发挥劳动关系三方协商机制作用，建立健全汇集职工群众意见诉求的制度机制，充分反映职工愿望诉求，发出工会声音。

进一步明确工会参与立法的工作重点。推动加大《工会法》实施力度，参与产业工人队伍建设立法工作，推动新就业形态劳动者等涉及职工维权服务和工会领域的法律法规制定。围绕职工群众最关心最直接最现实的利益问题，包括劳动就业、收入分配、工作时间、休息休假、劳动安全卫生、社会保障、生活福利、公共服务、女职工权益保护等方面，围绕保障职工民主权利，包括健全以职工代表大会为基本形式的民主管理制度，推进厂务公开、业务公开，坚持和完善职工董事制度、职工监事制度等方面，持续推动相关法律法规规章制度的制定和修改，使广大职工群众各项权益权利在法律源头得到保障。

认真做好工会劳动法律监督工作。强化劳动领域法律法规执行，推动健全涉职工和工会工作的法律监督制度，建立健全与人大执法检查、行政执法等协作配合机制。推行工会劳动法律监督“一函两书”、开展企业劳动用工法律体检、劳动用工监督评估等工作，贯彻落实《工会劳动法律监督办法》，重点监督用人单位恶意欠薪、违法超时加班、违法裁员等问题，加强对一线职工、农民工、新就业形态劳动者、困难职工等群体合法权益的维护。

86. 如何加强工会法治宣传和法律服务？

加强工会法治宣传和法律服务是工会履行维权服务基本职责的重要手段和载体。各级工会要认真贯彻落实中国工会十八大报告中关于加强工会法治宣传和法律服务的工作要求，引导职工依法理性表达利益诉求。

丰富法治宣传教育形式内容。落实《关于在工会工作者和职工中开展法治宣传教育的第八个五年规划（2021—2025年）》，以学习宣传习近平法治思想和宣传《宪法》、《民法典》及与职工权益密切相关的法律法规为主要内容，加强职工法治宣传教育，推动企业管理者和职工群众增强法治观念。以农民工为重点，加大法治宣传力度和频次，重点加强劳动合同、安全生产、社会保障等方面的法律法规学习宣传，把法治教育与维权服务相结合，在提高维权服务中开展法治宣传教育，引导职工由“被动学法”向“主动学法”转变。围绕新就业形态劳动者权益保障，编印普法手册，做好法律法规政策的分析解读，引导依法理性维权。积极开展对外法治宣传，主动对接需求，对走出去企业和“一带一路”沿线国家中资企业职工加强相关法律法规的培训。发挥工会服务阵地法治文化宣传作用，在职工书屋、职工之家、职工服务中心、工人文化宫、工人俱乐部、职工（劳模）疗休养院等职工服务阵地中体现法治元素，利用好司机之家、户外劳动者服务站等工会服务站点，把法治文化宣传作为重要内容。运用好《工人日报》、《中国工运》、《中国工人》等工会报刊媒体，丰富工会普法专栏、专版、专刊，建设全国工会普法资源库，加大音视频普法内容供给，打造工会法治宣传教育活动品牌，完善“互联网+工会+法律”服务平台，强化工会网站、“三微一端”平台的法治宣传和法律服务功能，实现法治宣传教育公共数据资源开放和共享。结合法律制定或颁布周年纪念日、“12·4”国家宪法日等契机，举办各类法治咨询宣传活动，组织工会公职律师和法律援助志愿者深入一线、深入职工，开展“送法律维权”、“送法下基层”、“送法入园区”、“送法进企业”等贴近职工、服务职工、深受职工群众欢迎的活动，满足职工群众学法、用法的需求，推动形成尊法学法守法用法风气。

加快推进工会法律服务体系建设。叫响做实“尊法守法·携手筑梦”服务农民工公益法律服务行动，加强与司法行政部门沟通协作，组建“工会干部+律师志愿者”服务分队，聚焦农民工、新就业形态劳动者群体职业特点、维权难点和诉求重点，采用多种方式提供普法宣传、法律咨询、争议调解、案件代理等公益性服务，切实维护劳动者合法权益。针对权益保障的关键领域和薄弱环节，组织律师志愿者为用人单位上门提供“法治体检”服务，对照劳动法律政策规定开展法律审查和风险评估，指导督促用人单位依法合规用工。做优做强工会法律援助品牌，发挥法律援助工作者作用，进一步加大工会法律援助工作力度，为符合条件的劳动者提供及时有效的法律援助服务。

87. 如何持续深化工会机关改革?

中国工会十八大报告对持续深化工会机关改革提出明确要求，各级工会要从顶层设计、具体措施等方面下更大功夫，努力把各级工会组织建设成为名副其实的职工之家，使所有工会干部都成为职工群众信赖的娘家人、贴心人。

进一步加强系统谋划。坚持以习近平新时代中国特色社会主义思想为指导，深入学习贯彻习近平总书记关于全面深化改革特别是关于群团改革的重要论述，同习近平总书记关于工人阶级和工会工作的重要论述结合起来理解、贯通起来落实，确保工会机关改革始终沿着正确方向前进。把深化工会机关改革放到党和国家工作大局、工会改革和建设、全国总工会工作全局中去思考、去把握、去推进。聚焦保持和增强政治性、先进性、群众性的目标方向，以忠诚党的事业、竭诚服务职工为己任，深化工会机关改革。优化资源配置，抓好重大改革任务攻坚克难，聚焦工会工作现代化等重大问题谋划推进改革，努力在破除各方面体制机制弊端上再攻下一些难点。要加大督查工作力度，对改革举措成效如何要刨根问底、掌握实情。

完善创新工作体系、工作内容和工作方式。深入查找在思想观念、体制机制、能力素质、作风建设等方面的问题，履行党中央赋予的主责主业，实现工会工作服务化、体系化、品牌化、创新化、数字化。以服务化为目标，树立业务工作服务化意识，以党是否放心、职工群众是否满意作为检验工作成效的标准；以体系化为基础，将工会业务结构化、要素化、流程化和标准化；以品牌化为推动，持续打造朗朗上口、辨识度高，体现工作特点、职工喜闻乐见的工会工作品牌；以创新化为关键，通过创新思维方式、工作理念、组织形式和实践路径等，不断更新体系、强化品牌效应、增强服务功能等；以数字化为支撑，通过人工智能、大数据治理等模型手段，高质量提升工会服务职工群众效率和质量的目标和方法。

充分发挥机关部门和干部的能动性、创造性。加强对重大改革问题的调研，了解基层一线和职工群众所思所想所盼，使改革举措更接地气。建立健全全年工作大计划、各部门月度工作计划检查点评机制以及周工作循环机制，建立党组周例会制度和一级、二级重大工作周度检查布置制度，强化月度工作计划点评和日常工作“即时表扬、即时批评”机制，真正实现干部能上能下、员工能进能出、薪酬能增能减。

88. 如何健全完善工会组织体系?

中国工会十八大报告提出要健全完善工会组织体系，这是落实习近平总书记和党中央关于深化工会改革的决策部署的重要举措。要巩固已有的组织基础，加快新领域新阶层组织建设，形成完善的组织体系，实现有效覆盖，探索以多种方式构建纵横交织的网络化组织体系，做到哪里有群众、哪里就要有自己的组织，怎么有利于做好工作就怎么建组织。

构建全国总工会、产业工会、地方工会、基层工会之间高质高效的矩阵网络系统。全国总工会对重点工作进行统筹规划、统一部署，全国总工会层面成立由主要领导和分管领导担纲的领导小组，实现统筹协调、顶层规划，统一部署、统一行动、统一标准。产业工会、地方工会根据全国总工会统一部署，结合本产业、本地方实际，研究确定具体实施方案。基层工会及时推动工作落实，反映工作中存在的问题和职工需求。各级工会之间上下左右协调联动，各级工会内部各部门协同协作，真正实现共建共享。

加快建立健全基层组织体系。密切联系职工群众，健全工会领导机关干部常态化下基层、网上联系服务职工等方面的长效机制。着力扩大有效覆盖，大力推行“重点建、行业建、兜底建”模式，推动改革向基层延伸，完善“小三级”工会建设、夯实基层基础、激发基层工会活力等方面的制度机制，建立健全纵横交织、条块结合的组织体系，做到哪里有职工、哪里需要做工作，工会组织和工会工作就跟进到哪里，激发基层工会组织生机活力。

大幅提高组织效能、个人能力。真正让工会工作在职工群众中看得到身影、听得到声音、发挥出作用。尊重基层首创精神，注意激发基层改革活力，下功夫发现基层的有益探索，及时总结经验做法，广泛运用现代先进理念、先进工具和先进方式。加强对各级工会干部推进改革情况的了解，加大改革实绩考核权重，形成鼓励改革、支持改革正确用人导向，把那些想改革、谋改革、善改革的干部用起来，激励干部敢于担当、攻坚克难。

89. 如何健全完善资金资产管理体系?

中国工会十八大报告对财务、经审、资产工作作出部署，提出要健全完善资金资产管理体系。各级工会要围绕中心、服务大局，坚持以职工为中心的工作导向，做好财务、经审、资产工作，为着力解决职工群众急难愁盼问题提供保障。

创新工会财务管理和监督检查机制。加强工会财力建设，强化工会财务信息一体化建设，逐步形成权责清晰、财力协调、区域均衡的工会经费分配关系。深化工会经费收缴改革，坚持工会经费向基层倾斜，理顺经费收缴体制。稳步实施预算改革，深化预算绩效管理，努力构建规范透明、标准科学、约束有力的预算制度。深化工会经费使用改革，适度拓展工会经费使用范围，建立资金直达机制。建立健全财务监督工作责任制，推动财务监督全覆盖。建立与审计监督、经审监督、资产监督、巡视监督等各类监督协调联动机制，综合施策，形成合力。

加强工会资产管理和监督检查。坚持公益性服务性方向，推进工会资产标准化规范化建设，深化职工服务阵地社会化市场化运营改革，努力提升工会资产服务效能，确保工会资产安全完整、保值增值和有效利用。依法依规加强工会资产产权管理，落实工会资产统计制度，探索建立工会资产统计情况通报制度。推动工会资产管理信息平台和工会资产工作深度融合，实现对全国工会资产的动态、科学管理。加强全国总工会本级资产监督管理，按照“关口前移、主动作为；加强监管、防控风险；狠抓落实、促进发展”的总体要求，扎实开展资产管理专项监督检查工作。

严格工会经费审查审计监督。完善以国家审计为指导、以工会经审组织为主体、以社会审计为补充、以职工会员监督为基础的工会常态化经审监督体系。规范和加强社会中介机构、特邀审计员参与工会经审工作，健全招标引入、质量评价、动态调整和退出机制。梳理优化工会经审工作流程，完善工会经审工作内部控制机制。健全完善审计发现问题整改长效机制，将审计结果及整改情况作为考核、任免、奖惩工会干部和相关决策的重要依据。加强经审监督与纪检监察、巡视巡察、组织人事等其他监督贯通协同。聚焦工会资金资产安全完整效益主责主业，高质量推进审查审计全覆盖，形成常态化、动态化震慑。

做好综合考核。健全完善以经营业绩考核、领导班子年度考核和党建述职评议考核为主要内容的综合考核评价制度，完善对机关干部和直属单位的综合考核，强化上级工会在财务、资产、经审领域对下一级工会的监督检查。

90. 如何全面加快工会系统数字化建设？

中国工会十八大报告对全面加快工会系统数字化建设提出明确要求。各级工会必须坚持政治引领、坚持服务亿万职工群众、坚持创新驱动、坚持共建共享，以全国总工会数字化平台为枢纽，构建总体标准统一、部分创新差异的跨层级、跨地域、跨行业的全国数字工会“一张网”，做到底层数据唯一、业务体系标准统一、系统体验基本一致，共同建设、共同创造、共享成果。

加快建设全国统一的工会服务标准终端。在总结、汇集当前各级工会服务终端的基础上，创建直达亿万职工群众、集成工会全部服务内容、全国统一的工会服务标准终端；规范、创建全国统一的工会服务标准内容；发挥地方、产业工会积极性，创建差异化特色服务内容；建设全国工会数字身份系统，统一身份认证，实现一键全通。让亿万职工群众享受“一键入会”、“一网全通”，以及高效、实时、精准的“一终端全维服务”。

建立数字化基础工作体系。制定全国统一的数字化技术架构、应用架构及其相应标准；建设服务平台应用接入中心，统一各地应用接入接口标准；建设应用遴选分发平台，提供标准开发接口；制定服务平台运维标准；制定全国统一的工会数据标准，实现工会数据资源共享交换；建立全国工会统一的数据分析模型，开发标准的工会工作管理驾驶舱。

建设全国工会“12351”职工维权服务热线。将全国工会“12351”职工维权服务热线纳入全国统一的工会服务平台，作为其中一个子系统；将全国工会信访工作、“工会主席信箱”等渠道全部整合进全国工会“12351”职工维权服务热线平台，实现职工投诉“一站式”受理。

建设“全国连通、各地运转”的数字化办公系统。推进办公业务体系化、数字化；建设跨层级、跨地域、跨产业、跨工作部门的协同办公系统，实现全国工会系统互连互通；通过大数据收集、标准建模和人工智能运用，建设工会工作驾驶舱，辅助各级工会决策。

构建数字化媒体矩阵群。构建覆盖各级工会报、网、端、微、屏等多种载体的强连接、高协同融媒体矩阵体系，提升工会舆论影响力；以职工需求为导向，优化信息分发策略，建强信息推送矩阵，提升工会信息触达率；按照“一次采集、多方多次使用”的原则，实现数据资源共建共创共享，提高宣传生产效率与传播效率；加强统筹和协调，形成各级各类媒体同频共振的网上宣传生态，构建大宣传格局。

完善线上线下服务资源。加快创建线上工会、云上课堂、线上援助、数字展馆等一系列线上、云上产品和服务，强化线上线下融合，倍增服务能力和效果。

91. 如何进一步加强工会对外交流交往合作？

工会外事工作是工会工作的重要组成部分。中国工会十八大报告指出，要加强工会和职工对外交流交往合作，讲好中国工人阶级故事。当前，我国发展的内部条件和外部环境发生深刻复杂变化，对做好新时代工会外事工作提出更高要求。中国工会要进一步增强政治责任感、历史使命感和时代紧迫感，坚持独立自主、互相尊重、求同存异、加强合作、增进友谊的工会外事工作方针，发挥民间外交优势，切实加强工会对外交流交往合作，推动建设更加公正合理的全球劳工治理体系。

厚植构建人类命运共同体理念。深入贯彻构建人类命运共同体理念，深刻理解其丰富内涵和重大意义，面向国际劳工界大力宣传这一理念以及中国推进构建人类命运共同体理念积累的实践经验，讲好中国故事、中国工人阶级故事、中国工会故事，促进民心相通、文化相融，让人类命运共同体理念在国际劳工界得到更广泛的理解和认同。

积极开展工会双多边国际交流。加强同各国工会组织、区域和国际工会组织的交流合作，积极参与多边机制，推动与重点国家工会高层交往，努力拓展工会国际交流交往合作的深度和广度，增进同各国工人阶级的友谊。参与全球劳工治理和工会南南合作，增强发展中国家工会在国际劳工事务中的代表性和发言权。积极服务“一带一路”建设，搭建中资企业与有关国家工会组织的交流沟通平台，开展与“一带一路”沿线国家工会组织的交流交往活动。

努力提高工会外事工作能力和水平。加强工会外事干部思想教育和业务培训，推动工会外事干部拓展国际视野，加快知识更新，提高专业能力，努力建设一支政治坚定、业务精湛、作风过硬、纪律严明的工会外事工作队伍。创新外事工作方式方法，实行线上交流与面对面交流相结合，提升工会对外交流交往效率。加强工会外宣工作，面向国际劳工界广泛宣传习近平新时代中国特色社会主义思想，积极构建具有中国特色的国际话语体系。

92. 如何进一步做好工会港澳台工作?

中国工会十八大报告指出，要健全与港澳台工会和劳动界的交流合作机制，推动发展壮大爱国爱港爱澳力量，在更宽领域、更深层次拓展对台交流，团结台湾职工坚定反“独”促统。

加强与港澳工会和劳动界的交流合作。进一步加强内地各级工会组织和港澳工会的交流交往，联合协作开展职工职业技能竞赛，做好在内地工作的港澳职工参加当地劳动模范、五一劳动奖章等荣誉称号的推荐评选工作，持续办好港澳工会“五一”代表团、港澳工会青年研讨营等品牌交流活动，发展壮大爱国爱港爱澳力量。加强粤港澳三地工会协调合作，围绕粤港澳大湾区建立职工服务体系，支持港澳工会依法开展内地服务工作，构建粤港澳大湾区工会工作新格局。

深化与台湾工会和劳动界的交流合作。办好海峡职工论坛，坚持面向基层、面向职工、面向民生，把论坛打造成两岸职工深入交流、切磋技艺、良性互动的沟通平台。办好台湾工会青年研讨营，让两岸青年互相交流了解、培养友谊，深掘工会特点、创新交流方式，共同深入思考青年在实现中华民族伟大复兴中国梦征程中应肩负的历史重任。推动在大陆工作的台湾职工参与劳动和职业技能奖项的评选，积极营造尊重劳动、崇尚技能、鼓励创造的浓厚社会氛围，为台湾同胞在大陆更好地学习、创业、就业、生活创造良好条件，提供更加广阔的平台。

93. 如何推进工会系统党的建设高质量发展？

中国工会十八大报告指出，要落实新时代全面从严治党要求，推动工会系统党的建设高质量发展。这要求我们认真贯彻新时代党的建设总要求，以党的政治建设为统领，全面加强工会系统党的建设，推动全面从严治党向纵深发展，为党的工运事业和工会工作提供坚强保障。

落实全面从严治党政治责任。工会系统各级党组织要强化守土有责、守土担责、守土尽责的政治担当，扭住责任制这个“牛鼻子”，推动党委（党组）主体责任、书记第一责任人责任和纪委监委监督责任贯通联动、一体落实。要以党的政治建设为统领全面加强党的各项建设，深化政治机关建设和模范机关创建，引导党员干部深刻领悟“两个确立”的决定性意义，把坚决做到“两个维护”体现在履职尽责、做好本职工作的实效上，体现在党员干部日常言行上。大力开展对党忠诚教育，引导党员干部以立足本职、岗位奉献的具体行动诠释对党忠诚。切实加强对“一把手”和领导班子的监督，强化上级党组织监督，做实做细同级监督，贯彻执行民主集中制，完善“三重一大”决策监督机制，不断提高党建工作水平。扎实做好党组内部巡视工作，各级党委（党组）要切实担起巡视整改责任，加强巡视整改和成果运用，把严的主基调长期坚持下去，一贯到底。

强化党组织政治功能和组织功能。政治属性是党组织的根本属性，政治功能是党组织的基本功能；组织功能服务于政治功能，是发挥党组织政治功能的基础和保证，两者相辅相成、内在统一。要持续推进“四强”党支部建设，严格落实党内政治生活制度，用好批评和自我批评武器。加强对党员干部全方位管理和经常性监督，引导党员增强党员意识、发挥先锋模范作用。完善党建工作考核评价机制，全面促进党建工作提质增效。

坚持以严的基调强化正风肃纪。严格贯彻执行中央八项规定及其实施细则精神，坚持纠“四风”、树新风，教育引导党员干部牢记“三个务必”，弘扬伟大建党精神。把纪律建设摆在更加突出位置，强化经常性纪律教育，开展常态化警示教育。紧盯重点领域和关键环节，加强廉洁风险排查和防控，强化制度建设和廉政文化建设，一体推进不敢腐、不能腐、不想腐。坚持以严的基调强化正风肃纪，以实的举措深化反腐败斗争，坚决纠治形式主义、官僚主义，大力营造风清气正、干事创业的良好政治生态。

94. 如何进一步加强工会干部队伍建设？

中国工会十八大报告对加强工会干部队伍建设提出了明确要求，我们要落实好中国工会十八大部署要求，把新时代选人用人导向鲜明树立起来，大力加强工会干部队伍建设。

加强工会干部政治理论学习。健全完善各级工会领导机关和基层工会组织理论学习制度，把学习贯彻习近平新时代中国特色社会主义思想作为首要政治任务，认真贯彻落实习近平总书记关于工人阶级和工会工作的重要论述，教育引导广大工会干部进一步深刻领悟“两个确立”的决定性意义，增强“四个意识”、坚定“四个自信”、做到“两个维护”，始终在思想上政治上行动上同以习近平同志为核心的党中央保持一致。采取多种形式，加强工会干部思想教育工作，引导各级工会干部坚决贯彻执行党的理论路线方针政策，确保党中央决策部署在工会系统不折不扣贯彻落实。

加强工会干部选拔管理使用工作。落实新时代好干部标准，树立正确选人用人导向，健全完善兼、挂职工作机制，改进完善干部考察制度机制，将政治标准作为选人用人第一标准，把政治忠诚、政治定力、政治担当、政治能力、政治自律放在首要位置，把好干部标准落到实处。完善干部考核评价体系，推动干部能上能下、能进能出，探索建立管思想、管工作、管作风、管纪律的干部管理机制，着力打造信得过、靠得住的工会干部队伍，大胆选拔使用经过实践考验的优秀年轻干部。

加强工会干部培养锻炼。加强干部培训轮训工作，发挥工会院校培训主渠道作用，健全完善工会干部培训体系，分层分类培训干部，不断提升专业素养。搭建工会干部培训锻炼平台，完善联系职工群众的制度机制，持续深化工会领导机关干部赴基层蹲点工作，尊重基层首创精神，引导工会干部改进工作方式、转变工作作风。加强培养年轻干部工作，有针对性地加强对年轻干部的思想淬炼、政治历练、实践锻炼、专业训练，不断提高政治判断力、政治领悟力、政治执行力，驰而不息改进工作作风，不断提高做群众工作的本领，不断增强解决困难问题的能力。

加强对工会干部的关心关爱。建立健全工会干部干事创业激励机制，开展全国工会系统先进集体、先进工作者表彰。正确运用容错纠错机制，注重对工会干部的人文关怀，宽严结合，保护和鼓励工会干部的创新精神和干事热情，激励广大工会干部强化使命担当、扎实履职尽责，加强斗争精神和斗争本领养成，奋发有为，勇毅前行，打造忠诚干净担当的高素质专业化干部队伍，积极投身中国式现代化伟大斗争，在全面推进中华民族伟大复兴中作出应有贡献。

95. 如何进一步加强工会调查研究工作?

中国工会十八大报告强调，要加强调查研究，掌握职工群众所思所想所盼。进一步加强调查研究，是工会干部转变工作作风、密切联系群众、提高履职本领、强化责任担当的迫切需求，对于工会更好围绕中心、服务大局，推动新时代新征程工会工作高质量发展，具有重要意义。

坚持问题导向。调查研究工作的根本目的是解决问题。工会干部搞调研，要敢于直面问题。运用习近平新时代中国特色社会主义思想的世界观、方法论和贯穿其中的立场观点方法，对具有普遍性和制度性的问题、涉及工会改革的一些深层次关键性问题深入研究，找准根源和症结，找到解决问题的正确办法。

创新方式方法。深入企业、深入车间、深入职工，采取随机走访、问卷调查、座谈访谈、专家调查、抽样调查、统计分析等方式，广泛收集数据和信息，充实调查研究的基础材料。在深入开展实地调研、蹲点式调研的同时，充分运用互联网、大数据等现代信息技术开展调研，注重改进调查方式提升人文气息，努力让调查对象在轻松和主动的氛围中提供信息。

务必求真务实。避免不实事求是、走形式主义、报喜不报忧的“伪调查研究”，不听“一面之词”；克服自身可能存在的懒惰、取巧，踏踏实实四处走访，实实在在收集信息；深入基层、深入一线，密切联系职工群众，直面职工急难愁盼问题，真正为基层和职工群众办实事、解难题。

后　记

中国工会第十八次全国代表大会，是在我国迈上全面建设社会主义现代化国家新征程、向第二个百年奋斗目标进军的关键时刻召开的一次十分重要的大会。中国工会十八大报告是指导新时代新征程工会工作高质量发展的重要文件。为便于各级工会组织、广大工会干部及关心工会工作的各界读者学习领会中国工会十八大精神，理解把握中国工会十八大报告内容，我们组织编写了《中国工会十八大报告学习问答》一书。

全国总工会对本书的编写高度重视，成立编委会，由全国总工会党组书记、副主席、书记处第一书记徐留平任主编，全国总工会副主席、书记处书记、党组成员，中国工会十八大文件起草组组长魏地春任副主编，全总党组、书记处其他领导同志任编委。

参加本书编写的人员是（按姓氏笔画为序）：马骥、马惠珺、王选、王哲、王利中、石毅、冯永光、孙永刚、孙瀚乐、杜德军、李阳、李羿、李松晓、李睿祎、步志昊、张泽、张贺、姚胜男、徐世鼎、徐田成、徐春蕾、高志菲、陶志勇、董涵琼、赖金金、裴朝锋、廖枢权。全书由全国总工会研究室主任、中国工会十八大文件起草组常务副组长王利中负责统稿。

由于编写水平有限，时间仓促，书中难免有不妥之处，敬请广大读者批评指正。

编　者

2023 年 10 月